CARRÉMENT
CUISINE

GÂTEAUX WAOUH !

hachette
CUISINE

INTRODUCTION

Ce livre, ce sont 100 recettes goûtées et approuvées, variées et simples à préparer avec des ingrédients faciles à trouver... la base de tout bon livre de cuisine !

Fini le manque d'inspiration au moment de choisir votre recette. **Les chapitres du livre ont été pensés par types de gâteaux**, pour faire votre choix en un clin d'œil.
« Gâteaux Waouh ! », ce sont :

1. Des recettes de base p. 12
2. Des gâteaux revisités p. 24
3. Des gâteaux tendance p. 70
4. Des gâteaux décorés p. 118
5. Des gâteaux surprise p. 172

Et dès l'ouverture de ce livre, le **sommaire illustré** vous fait débuter le plaisir de cuisiner.

SOMMAIRE

1
RECETTES DE BASE

2 GÂTEAUX REVISITÉS

3 GÂTEAUX TENDANCE

4 GÂTEAUX DÉCORÉS

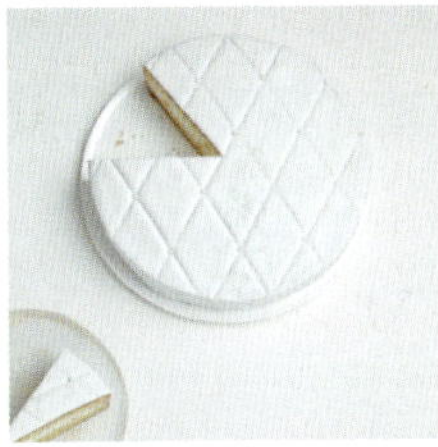

5 GÂTEAUX SURPRISE

1

RECETTES DE BASE

GÂTEAU AU CHOCOLAT

20 min de préparation
1 h de cuisson

MATÉRIEL
Batteur électrique
Tamis
Moule à manqué
de 20 cm de diamètre

INGRÉDIENTS : 200 g de beurre • 200 g de chocolat noir • 200 g de farine • 1 sachet de levure (11 g) • 4 œufs • 200 g de sucre

1. Préchauffez le four à 180 °C (th. 6). Faites fondre le beurre et le chocolat au bain-marie ou au micro-ondes.

2. Tamisez la farine et la levure.

3. Dans un saladier, fouettez les jaunes d'œufs avec le sucre. Ajoutez le chocolat fondu puis la farine. Montez les blancs en neige et ajoutez-les délicatement au reste de la préparation.

4. Versez la préparation dans un moule beurré ou chemisé de papier sulfurisé. Faites cuire pendant 1 h. Faites attention à la cuisson, car si le gâteau est trop cuit, il sera sec et s'émiettera.

5. Laissez-le ensuite refroidir dans le moule et démoulez-le quand vous êtes prêt à le décorer.

CHIFFON CAKE

20 min de préparation
1 h de cuisson

MATÉRIEL
Tamis
Batteur électrique
Moule à manqué de 15 ou
de 20 cm de diamètre

INGRÉDIENTS : Pour un gâteau de 15 cm de diamètre : 105 g de farine • 93 g de sucre • ½ sachet de levure • 2 g de sel • 3 œufs • 7 cl d'huile • 7 cl de jus d'orange, de citron, de fruits rouges **Pour un gâteau de 20 cm de diamètre :** 185 g de farine • 165 g de sucre • 1 sachet de levure • 2 g de sel • 5 œufs • 12 cl d'huile • 12 cl de jus d'orange, de citron, de fruits rouges

1. Tapissez le moule du diamètre de votre choix de papier cuisson. Préchauffez le four à 180 °C (th. 6).

2. Tamisez et mélangez la farine, le sucre, le sel et la levure. Séparez les blancs des jaunes d'œufs. Dans un saladier, fouettez les jaunes d'œufs avec le jus de votre choix et l'huile.

3. Ajoutez les ingrédients secs dans le saladier. Mélangez bien avec un fouet ou un batteur électrique pendant 2 à 3 min.

4. Montez les blancs d'œufs en neige très ferme et incorporez-les délicatement au reste de la préparation. Versez dans le moule chemisé et enfournez 1 h.

5. Laissez refroidir 15 min dans le moule avant de démouler. Retirez le papier sulfurisé, puis retournez le gâteau et laissez-le refroidir complètement sur une grille loin des courants d'air et de l'humidité.

GÂTEAU AU YAOURT

20 min de préparation
30 min de cuisson

MATÉRIEL
Robot
Moule à manqué de 20 cm de diamètre

INGRÉDIENTS : 1 yaourt • 250 g de sucre • 160 g de farine • ½ sachet de levure • 3 œufs • 6 cl d'huile de tournesol

1. Préchauffez le four à 180 °C (th. 6).

2. Déposez le yaourt dans le bol du robot muni d'un fouet. Ajoutez le sucre, la farine et la levure. Mélangez jusqu'à obtenir un mélange homogène, puis ajoutez les œufs un à un.

3. Versez l'huile et incorporez-la à l'appareil.

4. Chemisez le fond du moule de papier cuisson, beurrez les côtés et versez la préparation. Enfournez 30 min.

5. Sortez le gâteau du four, retournez-le sur une planche, enlevez le papier cuisson, puis retournez-le à nouveau sur une grille. Laissez-le refroidir.

6. Une fois le gâteau froid, découpez si nécessaire sa partie supérieure avec un grand couteau à dents pour l'égaliser.

GÉNOISE

20 min de préparation
25 min de cuisson

MATÉRIEL
Batteur électrique
Moule à manqué
de 20 cm de diamètre

INGRÉDIENTS : 4 œufs • 125 g de sucre • 50 g de beurre fondu • 100 g de farine • 1 cuil. à café de levure • Sel

1. Préchauffez le four à 180 °C (th. 6). Séparez les blancs des jaunes d'œufs.

2. Mélangez les jaunes d'œufs avec le sucre jusqu'à obtenir une préparation blanchie et mousseuse. Ajoutez le beurre fondu, la farine et la levure.

3. Montez les blancs d'œufs en neige ferme avec 1 pincée de sel.

4. Incorporez à la préparation blanchie un quart des blancs en neige, en mélangeant afin d'assouplir le mélange. Ajoutez ensuite délicatement le reste des blancs en neige, en deux fois.

5. Chemisez le fond du moule de papier cuisson, beurrez les côtés et versez la préparation. Enfournez 20 min.

6. Sortez le gâteau du four, retournez-le sur une planche, enlevez le papier cuisson, puis retournez-le à nouveau sur une grille. Laissez-le refroidir.

7. Une fois le gâteau froid, découpez sa partie supérieure avec un grand couteau à dents pour l'égaliser.

PÂTE À SUCRE

Pour 650 g de pâte à sucre
10 min de préparation
2 min de cuisson

MATÉRIEL
Tamis
Micro-ondes

INGRÉDIENTS : 500 g de sucre glace • 300 g de marshmallows • 2 cuil. à soupe d'eau • Colorant en gel (facultatif)

1. Tamisez le sucre glace dans un bol. Mettez 100 g de côté.

2. Faites fondre les marshmallows dans un bol au micro-ondes avec 2 cuil. à soupe d'eau pendant 1 min. Mélangez puis remettez au micro-ondes pendant 1 à 2 min.

3. Retirez le bol de marshmallows et mélangez bien à l'aide d'une spatule en bois. Ajoutez le sucre glace petit à petit. Ajoutez si vous le désirez quelques gouttes de colorant.

4. Étalez les 100 g de sucre glace sur le plan de travail, versez le mélange et commencez à travailler la pâte à la main jusqu'à l'obtention d'une boule. La pâte est prête lorsqu'elle ne colle plus à vos doigts.

5. Enveloppez bien la boule de pâte de film alimentaire car elle sèche très rapidement. Vous pouvez la garder au réfrigérateur pendant plusieurs semaines.

RECOUVRIR UN GÂTEAU DE PÂTE À SUCRE

Pour 1 gâteau
de 20 cm de diamètre
1 h de réfrigération

MATÉRIEL
Spatule
Rouleau à pâtisserie
Lisseur
Couteau à pizza ou cutter

INGRÉDIENTS : 1 gâteau au choix de 20 cm de diamètre • Crème au beurre (voir p. 23) ou pâte à tartiner • Sucre glace • 300 g de pâte à sucre de la couleur de votre choix (voir p. 18)

1. Commencez par poser le gâteau sur un plateau. Déposez une partie de la crème au centre du gâteau puis, à l'aide d'une spatule, étalez-la jusqu'à ce que le gâteau soit bien couvert et lissé. Mettez au réfrigérateur pendant au moins 1 h.

2. Saupoudrez le plan de travail de sucre glace. Commencez à travailler la pâte à sucre pour l'assouplir avant de l'étaler à l'aide d'un rouleau à pâtisserie. Saupoudrez un peu aussi le dessus de la pâte pour que le rouleau ne colle pas. Soulevez régulièrement la pâte à sucre pour être sûr qu'elle ne colle pas au plan de travail. Mesurez le gâteau et étalez la pâte pour qu'elle soit aussi grande que celui-ci. La pâte à sucre ne doit être ni trop épaisse ni trop fine.

3. Lorsqu'elle est prête, posez le rouleau au milieu de la pâte à sucre et ramenez-le vers vous. Levez le rouleau et recouvrez le gâteau de pâte. Commencez à lisser la pâte à sucre avec vos mains. Appuyez délicatement dessus, le plus vite possible car elle sèche très rapidement. Attention, ne tirez jamais sur la pâte à sucre vers le bas car elle peut se déchirer. Lissez bien à nouveau la pâte à sucre avec un lisseur sur les côtés en évitant de créer des plis. En cas de pli, soulevez délicatement la pâte à l'endroit où le pli s'est formé, tirez-le délicatement vers le côté, puis lissez à la main.

4. Lorsque le gâteau est recouvert, lissez bien avec un lisseur la surface y compris sur les côtés avant de couper l'excès de pâte à l'aide d'un couteau à pizza.

PÂTE D'AMANDES

Pour 400 g de pâte d'amande
10 min de préparation

MATÉRIEL
Tamis

INGRÉDIENTS : 200 g d'amandes en poudre • 200 g de sucre glace • 1 blanc d'œuf ou 2 cuil. à soupe de sirop de glucose • Gels colorants (facultatif)

1. Tamisez la poudre d'amandes avec le sucre glace dans un saladier. Mélangez bien les deux ingrédients.

2. Incorporez ensuite le blanc d'œuf légèrement fouetté (et les éventuels colorants). Travaillez la pâte à la main dans le saladier jusqu'à ce qu'elle devienne homogène.

3. Enveloppez votre boule de pâte dans du film alimentaire pour qu'elle ne sèche pas et conservez-la au réfrigérateur jusqu'à son utilisation.

CRÈME AU CITRON

20 min de préparation
10 min de cuisson
2 h de réfrigération

MATÉRIEL
Mixeur plongeant

INGRÉDIENTS : 10 g de gélatine en feuilles • 4 citrons jaunes • 10 cl de lait entier • 65 g de sucre semoule • 4 œufs • 160 g de chocolat blanc • 120 g de beurre doux

1. Faites tremper les feuilles de gélatine dans de l'eau froide. À l'aide d'un économe, prélevez les zestes de 2 citrons, puis pressez-les pour en recueillir le jus. Pressez les 2 citrons restants.

2. Dans un bol, versez le lait, le sucre, les œufs, le jus de citron ainsi que les zestes. Placez le bol dans un bain-marie. En remuant sans cesse, faites cuire la crème jusqu'à ce qu'elle devienne épaisse. Ajoutez la gélatine essorée, le chocolat blanc et le beurre coupés en petits morceaux.

3. Mixez pendant 2 min. Réservez au frais pendant 2 h.

CRÈME PÂTISSIÈRE

Pour 50 cl de crème
10 min de préparation
10 min de cuisson

INGRÉDIENTS : 1 gousse de vanille • 50 cl de lait entier • 2 jaunes d'œufs • 1 œuf • 100 g de sucre semoule • 50 g de poudre à crème (ou d'amidon de maïs)

1. Ouvrez la gousse de vanille et grattez les graines. Portez à ébullition le lait avec la gousse de vanille et ses graines.

2. Battez les jaunes d'œufs avec l'œuf, le sucre et la poudre à crème. Versez par-dessus le lait bouillant, mélangez et remettez à chauffer en continuant à mélanger. Arrêtez la cuisson après quelques bouillons. Laissez tiédir avant de retirer la gousse de vanille et couvrez de film alimentaire.

GLAÇAGE AU CHOCOLAT

Pour 1 gâteau de 20 cm de diamètre
10 min de préparation

INGRÉDIENTS : 200 g de chocolat noir dessert • 120 g de beurre • 150 g de sucre glace tamisé • 5 cl de lait demi-écrémé

1. Dans une casserole, sur feu doux, faites fondre tous les ingrédients. Mélangez bien pour que le chocolat fonde uniformément et ne brûle pas.

2. Laissez refroidir avant d'en recouvrir un gâteau.

CRÈME AU BEURRE

Pour 500 g de crème
10 min de préparation

MATÉRIEL
Batteur électrique

INGRÉDIENTS : 500 g de beurre ramolli • 750 à 800 g de sucre glace • 2 cuil. à café d'extrait de vanille • 4 à 5 cuil. à soupe de lait ou de crème liquide • Colorant alimentaire (facultatif)

1. Dans un saladier, fouettez le beurre à l'aide d'un batteur électrique, d'un robot culinaire muni d'un batteur plat ou tout simplement à l'aide d'une spatule en bois jusqu'à ce qu'il blanchisse et devienne crémeux. Ajoutez l'extrait de vanille (et le colorant si vous l'utilisez). Ajoutez le sucre glace peu à peu (une tasse à la fois). Mélangez soigneusement.

2. Incorporez le lait, une cuillerée à la fois. Mélangez à vitesse rapide pendant 2 min jusqu'à obtenir un mélange léger.

3. Pour obtenir une consistance plus ferme, ajoutez du sucre glace, 25 g à la fois. Pour obtenir une consistance plus souple, ajoutez de la crème ou du lait, une cuillerée à la fois jusqu'à obtenir la consistance souhaitée. Conservez la crème au beurre au réfrigérateur si vous ne l'utilisez pas immédiatement.

2

GÂTEAUX REVISITÉS

ROSES FEUILLETÉES

Pour 8 roses
25 min de préparation
25 min de cuisson

MATÉRIEL
Mandoline

INGRÉDIENTS : 1 rouleau de pâte feuilletée • 1 grosse pomme • 30 cl d'eau • 30 g de sucre en poudre pour la pomme • ½ citron • 2 cuil. à soupe de sucre pour la pâte • 1 cuil. à café de cannelle moulue • Sucre glace pour la finition

1. Épluchez la pomme et coupez-la en fines lamelles à l'aide d'une mandoline. Faites bouillir l'eau avec le sucre et le jus du demi-citron. Plongez les lamelles de pomme dans ce sirop pendant 3 min, pour les ramollir. Sortez-les à l'aide d'une écumoire et déposez-les sur du papier absorbant.

2. Préchauffez le four à 180 °C (th. 6). Étalez la pâte feuilletée sur le plan de travail légèrement fariné. Découpez le plus grand rectangle possible, puis saupoudrez-le de sucre et de cannelle. Coupez des bandelettes de 1,5 cm de large dans la pâte. Disposez les lamelles de pomme sur les bandelettes en les chevauchant. Enroulez chaque bandelette sur elle-même d'un bout à l'autre, de manière à obtenir une petite rose.

3. Déposez les roses sur une plaque de four recouverte de papier cuisson. Enfournez le tout pendant 25 min, jusqu'à ce que les roses soient bien dorées.

4. Laissez-les refroidir sur une grille et saupoudrez-les de sucre glace.

MONTS-BLANCS FAÇON CUPCAKES

Pour 12 cupcakes
45 min de préparation
20 min de cuisson

MATÉRIEL
12 caissettes
Robot
Poche avec douille à nid

INGRÉDIENTS : Pour les cupcakes : 150 g de farine • ½ sachet (5 g) de levure chimique • 1 pincée de sel • 4 œufs • 125 g de sucre • 125 g de beurre fondu • 8 cl de lait **Pour la crème Chantilly :** 20 cl de crème liquide entière très froide • 1 sachet de sucre vanillé • ½ sachet de Chantifix® **Pour les vermicelles au marron :** 75 g de crème de marrons • 125 g de purée de marrons • 1 cuil. à café de rhum **Pour la décoration :** 24 mini-meringues pour la décoration à cupcakes

1. Préparez les cupcakes : préchauffez le four à 180 °C (th. 6). Dans un saladier, mélangez la farine, la levure et le sel. Dans un autre saladier, mélangez les œufs et le sucre jusqu'à ce que le mélange blanchisse. Ajoutez le beurre fondu et le lait, puis la farine en une fois. Mélangez bien jusqu'à l'obtention d'une pâte bien lisse. Remplissez les caissettes aux trois quarts à l'aide d'une poche à douille et enfournez pendant 15 à 20 min.

2. Préparez la chantilly : à l'aide d'un robot pâtissier muni d'un fouet, montez la crème liquide en chantilly avec le sucre vanillé et le Chantifix®.

3. Préparez les vermicelles au marron : mettez la crème de marrons, la purée de marrons et le rhum dans le bol du robot muni d'une feuille. Mélangez à grande vitesse.

4. Pour la finition, creusez les cupcakes avec un couteau, garnissez-les de chantilly, puis décorez-les de vermicelles au marron (utilisez une poche munie d'une douille à nid). Terminez par quelques brisures de mini-meringues.

TARTE BISCUIT AUX FRAISES GARNIES

Pour 6 personnes
30 min de préparation
20 min de cuisson

MATÉRIEL
Moule à tarte renversée
Poche à douille
Tamis

INGRÉDIENTS : Pour la génoise : 2 œufs • 60 g de sucre • 60 g de farine **Pour la garniture :** 500 g de fraises moyennes **Pour la crème mousseline :** 200 g de beurre de qualité • 50 cl de lait entier • 1 gousse de vanille • 2 jaunes d'œufs • 1 œuf • 170 g de sucre semoule • 50 g de poudre à crème ou d'amidon de maïs

1. Préparez la génoise : préchauffez le four à 180 °C (th. 6). Beurrez et saupoudrez de farine un moule à tarte renversée. Battez les œufs et le sucre dans un cul-de-poule métallique, puis placez celui-ci sur une casserole d'eau chaude (l'eau ne doit pas toucher le cul-de-poule). Continuez à battre les œufs au fouet jusqu'à ce que le mélange tiédisse (environ 50 °C).

2. Versez par-dessus la farine tamisée et incorporez-la très délicatement aux œufs. Versez ensuite dans le moule à tarte et faites cuire au four pendant environ 15 min. À la sortie du four, retournez le biscuit sur une assiette, puis sur une grille et laissez refroidir.

3. Préparez la crème mousseline : détaillez la moitié du beurre en morceaux et laissez-les à température ambiante. Préparez la crème pâtissière de façon classique (voir p. 21). Ajoutez la moitié froide du beurre et versez dans un grand plat pour faire vite refroidir. Recouvrez de film alimentaire et laissez refroidir. Quand la crème est à température ambiante et que le beurre est mou, fouettez la crème et incorporez peu à peu les parcelles de beurre. La crème doit blanchir et prendre du volume.

4. Creusez les fraises au niveau du pédoncule. Quand la génoise est froide, garnissez-la d'une couche de crème mousseline de 7 à 8 mm d'épaisseur, puis répartissez les fraises en les maintenant droites grâce à la crème. Garnissez les fraises de crème à l'aide d'une poche à douille. Réservez au frais et sortez 20 min avant la dégustation.

FINGERS AU MASCARPONE ET GRUÉ DE CACAO

Pour 6 personnes
40 min de préparation
10 min de cuisson
2 h de repos

MATÉRIEL
2 poches à douille unie

INGRÉDIENTS : 1 barquette de fraises • 80 g de copeaux de noix de coco **Pour les biscuits à la cuillère :** 4 œufs • 120 g de sucre • 120 g de farine • 1 pincée de sel • 20 g de grué de cacao • 20 g de cacao en poudre **Pour la crème coco-mascarpone :** 2 feuilles de gélatine • 10 cl de pulpe de noix de coco • 25 cl de crème liquide • 1 gousse de vanille • 150 g de chocolat blanc • 100 g de mascarpone

1. Préparez les biscuits à la cuillère : préchauffez le four à 170 °C (th. 5-6). Séparez les blancs des jaunes d'œufs. Dans un saladier, mélangez vigoureusement 100 g de sucre aux jaunes. Le mélange doit blanchir. Ajoutez ensuite la farine et le sel. Dans un autre saladier, versez le reste de sucre et les blancs. Montez en neige jusqu'à ce que les blancs soient brillants et très fermes. Prenez un tiers des blancs et mélangez-le aux jaunes. Versez ensuite sur les blancs restants et mélangez délicatement.

2. Remplissez de pâte une poche à pâtisserie avec une douille unie de 1 cm et façonnez vos biscuits sur une plaque à pâtisserie couverte de papier sulfurisé. Les boudins de pâte doivent faire environ 12 cm de long sur 1 cm de large. Saupoudrez de grué de cacao et de cacao en poudre.

3. Préparez la crème coco-mascarpone : trempez les feuilles de gélatine dans de l'eau. Versez la pulpe de coco et la crème dans une casserole, ajoutez la gousse de vanille fendue et grattée et portez à ébullition. Égouttez les feuilles de gélatine, filtrez le liquide sur le chocolat blanc et le mascarpone et incorporez la gélatine essorée. Mélangez bien, versez le mélange dans une poche à douille.

4. Pour la finition, garnissez chaque biscuit d'une couche de crème coco-mascarpone, parsemez de fraises coupées en morceaux et de copeaux de noix de coco. Refermez les fingers.

MI-BROWNIE MI-PECAN PIE

Pour 10 à 15 personnes
1 h 10 de préparation
1 h 10 de cuisson
1 h de repos

MATÉRIEL
2 moules de 15 cm de diamètre
Batteur électrique

INGRÉDIENTS : Pour les gâteaux : 2 gâteaux au chocolat de 15 cm de diamètre (voir p.14) • 50 g de noix de pécan **Pour la mousse au mascarpone :** 375 g de mascarpone • 15 cl de crème liquide à 30 % de matières grasses • 50 g de sucre roux • 5 cuil. à soupe de sirop d'érable **Pour le dressage :** Noix de pécan

1. Préchauffez le four à 180 °C (th. 6).

2. Placez le bol et le fouet du robot dans le réfrigérateur 20 min.

3. Préparez le gâteau au chocolat comme indiqué page 14, en ajoutant 50 g de noix de pécan grossièrement concassées. Répartissez la pâte dans 2 moules de 15 cm de diamètre et enfournez 35 min à 180 °C (th. 6).

4. Préparez la mousse au mascarpone. Déposez le mascarpone dans le bol réservé au frais et fouettez 30 s. Ajoutez la crème en deux fois et augmentez progressivement la vitesse. Dès que le mélange commence à être dense, ajoutez petit à petit le sucre. Ajoutez le sirop d'érable.

5. Sortez les gâteaux du four, retournez-les sur une planche, puis sur une grille. Laissez refroidir. Une fois les gâteaux froids, découpez leur partie supérieure avec un grand couteau à dents. Coupez la partie restante en deux dans l'épaisseur.

6. Déposez le premier disque sur un plat de service et garnissez-le généreusement de mousse, en formant des vaguelettes. Déposez un gâteau pardessus et recommencez l'opération avec les autres disques. Étalez le reste de la crème sur le dessus et lissez bien. Placez au frais jusqu'au moment de servir.

7. Sortez le gâteau du réfrigérateur une dizaine de minutes avant de servir. Déposez des noix de pécan en couronne sur le pourtour, puis en étoile au centre.

SUCETTES MERINGUÉES AU CITRON

Pour 6 personnes
1 h de préparation
30 min de cuisson
4 h de repos

MATÉRIEL
Moules demi-sphères en silicone (Ø 3 cm) • Thermomètre • Piques en bois • Chalumeau (facultatif) • Batteur

INGRÉDIENTS : Pour le sablé aux amandes : 225 g de farine • 105 g de poudre d'amandes • 105 g de sucre semoule • 5 g de levure chimique • 200 g de beurre pommade • 5 g de sel fin • 60 g de jaunes d'œufs • 360 g de chocolat blanc • 35 g d'huile de tournesol • 180 g de corn-flakes • Crème au citron (voir p. 21)
Pour la meringue suisse : 3 blancs d'œufs • 170 g de sucre glace • 1 citron jaune

1. Préparez la première partie du sablé aux amandes : préchauffez le four à 170 °C (th. 5-6). Mélangez la farine, la poudre d'amandes, le sucre semoule, la levure chimique, le beurre pommade et le sel fin au batteur. Quand la pâte devient homogène, ajoutez les jaunes d'œufs et battez à nouveau. Émiettez la pâte sur une feuille de papier sulfurisé. Enfournez pour environ 10 min de cuisson, jusqu'à coloration. Laissez refroidir.

2. Préparez la deuxième partie du sablé : faites fondre le chocolat blanc et ajoutez l'huile de tournesol. Versez la pâte sablée aux amandes cuite précédemment dans le bol d'un batteur et faites tourner avec la feuille, puis ajoutez le chocolat et l'huile et enfin les corn-flakes. Quand la pâte est homogène, versez dans un plat et réservez au frais pendant 1 h.

3. Préparez la crème au citron, en suivant la recette p. 21.

4. Sortez le sablé du réfrigérateur et hachez-le finement à l'aide d'un couteau. Mélangez le sablé avec la crème au citron. Versez ensuite ce mélange dans les moules en silicone. Placez-les au congélateur pendant 3 h. Démoulez les demi-sphères, collez-les ensemble pour former une boule et piquez les boules avec des piques en bois ou des bâtons à sucette. Réservez au congélateur.

5. Préparez la meringue suisse. Mettez les blancs d'œufs et le sucre dans un bol en métal. Placez-le au bain-marie et fouettez jusqu'à ce qu'il épaississe et atteigne 55-60 °C. Retirez du feu, placez dans un batteur et fouettez vivement jusqu'à ce qu'il soit ferme. Zestez le citron dans la meringue et mélangez délicatement avec une spatule. Sortez les sucettes du congélateur, trempez-les dans la meringue et gardez-les au frais jusqu'au moment de servir. Pour une version flambée, passez rapidement au chalumeau.

PIÈCE MONTÉE AUX TRUFFES

Pour 20 personnes
2 h 30 de préparation
1 h 05 de cuisson
1 h de repos

MATÉRIEL
1 kit de 3 moules carrés
(de 3 tailles différentes)
Fouet électrique
Grille

INGRÉDIENTS : Pour les truffes : 500 g de chocolat noir dessert • 200 g de beurre • 4 jaunes d'œufs • 180 g de sucre glace • 1 cuil. à soupe de rhum • Cacao en poudre

INGRÉDIENTS : Pour la génoise au cacao (à réaliser deux fois, puis une troisième fois en diminuant les proportions de moitié) : 4 œufs • 1 pincée de sel • 100 g de sucre en poudre • 2 cl de lait • 80 g de farine • 25 g de cacao • 1 cuil. à soupe de beurre pour le moule

INGRÉDIENTS : Pour la crème au beurre et au chocolat amande : 200 g de chocolat noir amande • 500 g de beurre doux à température ambiante • 750 g de sucre glace • 5 à 6 cuil. à soupe de lait

INGRÉDIENTS : Pour le glaçage au chocolat noir : 400 g de chocolat noir dessert • 240 g de beurre • 300 g de sucre glace • 20 cl de lait

PIÈCE MONTÉE AUX TRUFFES (SUITE)

1. Préparez les truffes : faites fondre le chocolat au bain-marie.

2. Ajoutez le beurre en morceaux. Hors du feu, ajoutez les jaunes d'œufs, le sucre glace et le rhum. Mélangez bien pour que la texture soit lisse et homogène. Versez dans un bol et laissez prendre au frais 1 h. Façonnez des petites truffes dans la paume de vos mains et roulez-les dans le cacao. Réservez.

3. Préchauffez le four à 180 °C (th. 6). Cassez les œufs et séparez les blancs des jaunes dans deux saladiers différents. Montez les blancs en neige ferme avec le sel puis ajoutez la moitié du sucre. Versez le reste dans les jaunes et blanchissez le mélange. Ajoutez le lait tiède puis la farine et le cacao. Mélangez bien à l'aide d'une maryse. Beurrez le moule et versez la pâte. Enfournez 25 min. Démoulez puis laissez refroidir sur une grille. Renouvelez l'opération pour les 2 autres moules (diminuez les quantités de moitié pour le plus petit moule).

4. Préparez la crème : ramollissez et blanchissez le beurre au fouet électrique.

PIÈCE MONTÉE AUX TRUFFES (SUITE)

5. Ajoutez le chocolat fondu et le sucre glace. Mélangez vivement en versant le lait jusqu'à obtenir une consistance crémeuse. Réservez au frais jusqu'à utilisation.

6. Coupez les gâteaux refroidis pour obtenir 3 carrés bien nets.

7. Coupez les gâteaux en deux dans l'épaisseur. Ajoutez une bonne couche de crème au beurre au chocolat sur les trois faces inférieures. Reconstituez les gâteaux en ajoutant les moitiés supérieures. Superposez les trois gâteaux.

8. Faites fondre tous les ingrédients du glaçage au bain-marie en mélangeant jusqu'à ce que la texture soit bien lisse. Laissez refroidir légèrement. Versez le glaçage au chocolat sur les gâteaux, lissez à la spatule afin que ce soit bien régulier. Laissez prendre quelques minutes. Placez les truffes sur chaque étage de la pièce montée.

CHEESECAKE MASCARPONE CHOCOLAT BLANC

Pour 6 à 8 personnes
1 h de préparation
20 min de cuisson
2 h 30 de repos

MATÉRIEL
Grand cercle à pâtisserie de 20 cm de diamètre environ
Mixeur

INGRÉDIENTS : Pour le fond de tarte : 50 g de sucre semoule • 50 g de farine • 50 g de poudre d'amandes • 50 g de beurre doux • 1 pincée de sel fin • Les zestes de 1 citron vert • 1 cuil. à café de café soluble • 20 g de cacao amer en poudre **Pour la crème au mascarpone :** 50 g de crème liquide • 250 g de cream cheese type Philadelphia® • 250 g de mascarpone • 20 g de beurre doux • 2 feuilles de gélatine • 90 g de jaunes d'œufs • 50 g de sucre semoule **Pour la ganache au café :** 90 g de crème liquide • 100 g de chocolat blanc • 1 cuil. à soupe de café moulu

1. Préchauffez le four à 160 °C (th. 5-6). Pour le fond de tarte, mélangez tous les ingrédients et étalez la pâte formée dans le fond du cercle à pâtisserie sur une feuille de papier cuisson. Enfournez et faites cuire pendant 15 min environ. Sortez du four et laissez refroidir. Placez ensuite au réfrigérateur.

2. Préparez la crème au mascarpone : versez la crème liquide dans une casserole. Déposez le cream cheese, le mascarpone et le beurre dans un bol. Faites tremper les feuilles de gélatine dans de l'eau froide. Faites chauffer la crème à la casserole et, pendant ce temps, versez les jaunes d'œufs et le sucre dans un bol et fouettez pendant 1 min. Quand la crème est à ébullition, versez la moitié sur les jaunes, mélangez et remettez le tout dans la casserole ; faites cuire à feu moyen pendant 2 à 3 min, jusqu'à ce que la crème épaississe. Hors du feu, ajoutez la gélatine essorée et mélangez. Versez la préparation sur le fromage et le beurre et mixez pendant 2 min.

3. Sortez le fond de tarte du réfrigérateur et versez dessus la crème au mascarpone. Réservez au frais au moins 2 h.

4. Pour la ganache au café : faites chauffer la crème liquide à feu moyen et versez-la sur le chocolat blanc. Hors du feu, ajoutez le café moulu et mélangez bien. Réservez au frais 30 min. Sortez le cheesecake du réfrigérateur et ôtez le cercle à pâtisserie. Sortez la ganache du réfrigérateur et nappez le cheesecake avec.

TARTE AUX FRAISES FAÇON SAINT-HONORÉ

Pour 6 personnes
1 h de préparation
45 min de cuisson
20 min de repos

MATÉRIEL
Poche à douille

INGRÉDIENTS : 1 rouleau de pâte feuilletée • 500 g de fraises • 40 cl de crème pâtissière (voir p. 21)
Pour la pâte à choux : 8 cl de lait • 50 g de beurre • 1 pincée de sel • 1 pincée de sucre • 75 g de farine • 2 à 3 œufs **Pour la crème fouettée au mascarpone :** 40 g de mascarpone bien froid • 16 cl de crème fleurette entière bien froide • 20 g de sucre glace **Pour le caramel :** 5 cl de jus de fraise • 90 g de sucre • 20 g de glucose ou de miel • 2 à 3 gouttes de colorant rouge

1. Préparez les socles. Dans la pâte feuilletée, détaillez un disque d'environ 18 cm de diamètre. Piquez-le et réservez-le au froid.

2. Préparez la pâte à choux. Portez à ébullition le lait avec 8 cl d'eau, le beurre détaillé en morceaux, le sel et le sucre. Quand le beurre est fondu, retirez du feu et ajoutez la farine en une seule fois. Mélangez énergiquement jusqu'à l'obtention d'une boule de pâte. Faites-la dessécher sur le feu pendant 30 s. Laissez tiédir légèrement, puis ajoutez 2 œufs, un par un, en mélangeant bien après chaque ajout.

3. Préchauffez le four à 200 °C (th. 6-7). À l'aide d'une poche à douille, déposez un cercle de pâte à choux sur le disque de pâte feuilletée (à 1 cm du bord), puis pochez de petits choux sur une plaque recouverte de papier sulfurisé. Faites cuire la pâte feuilletée garnie pendant 20 min, puis les choux pendant environ 20 min. Laissez refroidir.

4. Pendant ce temps, préparez la crème fouettée. Détendez le mascarpone dans la crème, puis montez-les en chantilly. Ajoutez le sucre glace en fin de montage et réservez au froid. Taillez les fraises en tranches.

5. Quand la pâte feuilletée et les choux sont froids, garnissez l'intérieur du socle et les choux de crème pâtissière. Recouvrez le socle de fraises.

6. Préparez le caramel. Versez les ingrédients dans une petite casserole. Portez à ébullition et laissez caraméliser. Ôtez la casserole du feu et trempez la surface des choux dans le caramel. Déposez-les à l'envers sur une feuille de papier sulfurisé. Laissez refroidir quelques instants, puis trempez légèrement la base des choux dans le caramel et collez-les sur la couronne des socles.

7. Décorez de crème fouettée et de tranches de fraises. Réservez au frais.

GÂTEAU DE CRÊPES

Pour 6 personnes
1 h de préparation
40 min de cuisson
3 h de repos

INGRÉDIENTS : Pâte à crêpes (pour 20 env.) : 500 g de farine • 6 œufs • 120 cl de lait frais • 20 cl de bière • 1 cuil. à soupe d'huile • 1 pincée de sel • 1 cuil. à soupe de beurre pour la poêle **Crème au chocolat au lait :** 400 g de chocolat au lait • 6 cuil. à soupe de lait frais • 160 g de beurre à température ambiante • 4 jaunes d'œufs • 3 cuil. à soupe de sucre **Glaçage au chocolat :** Voir p. 22 **Finition :** 1 paquet de KitKat Ball®

1. Préparez la pâte à crêpes : versez la farine dans un saladier et creusez un puits au centre. Cassez les œufs dans un bol et battez-les à la fourchette. Versez les œufs dans le puits et battez la pâte au fouet. Versez le lait en filet, la bière, l'huile et le sel. Mélangez jusqu'à l'obtention d'une pâte lisse et homogène. Filmez la préparation et laissez reposer 2 h au frais.

2. Faites fondre le beurre dans la poêle. Versez une petite louche de pâte, répartissez la pâte sur toute la surface de la poêle et laissez cuire quelques minutes. Retournez la crêpe et faites encore cuire 2 à 3 min. Faites attention à bien réaliser des crêpes de même dimension. Déposez la crêpe sur une assiette et continuez jusqu'à épuisement de la pâte.

3. Préparez la crème au chocolat : cassez le chocolat en morceaux dans un saladier, ajoutez le lait. Faites fondre au bain-marie en remuant régulièrement. Ajoutez le beurre en morceaux, les jaunes d'œufs et le sucre. Mélangez bien sans jamais faire bouillir le mélange puis laissez refroidir la préparation.

4. Déposez une crêpe sur une grande assiette puis étalez une fine couche de crème au chocolat au lait, ajoutez une autre crêpe puis passez la main pour bien coller la crème et lisser la préparation. Ajoutez à nouveau de la crème au chocolat au lait puis procédez ainsi de suite jusqu'à épuisement des crêpes.

5. Préparez le glaçage au chocolat en suivant les instructions p. 22.

6. Laissez refroidir légèrement. Versez le glaçage et étalez-le sur les côtés à l'aide d'une spatule. Placez 1 h au frais. Ajoutez les KitKat Ball® sur le dessus du gâteau juste avant de servir.

PIE POPS

Pour 12 pie pops
30 min de préparationn
25 min de cuisson

MATÉRIEL
12 bâtonnets en bois
Petit emporte-pièce rond
Pinceau

INGRÉDIENTS : 1 rouleau de pâte feuilletée • 2 pommes • 10 g de beurre • 30 g de sucre en poudre • 1 jaune d'œuf

1. Épluchez les pommes et ôtez le trognon. Coupez les pommes en petits cubes. Faites fondre le beurre dans une casserole et versez les cubes de pommes. Saupoudrez de sucre et remuez. Laissez cuire pendant 10 min avec un couvercle, en remuant de temps en temps, jusqu'à ce que les pommes soient cuites. Laissez refroidir.

2. Étalez la pâte feuilletée sur le plan de travail légèrement fariné. À l'aide de l'emporte-pièce, découpez 24 disques. Déposez 12 disques sur une plaque de four recouverte de papier cuisson.

3. Préchauffez le four à 200 °C (th. 6-7). Déposez une petite cuillerée de garniture à la pomme au centre de chaque disque. Attention de ne pas mettre trop de garniture, sinon vous n'arriverez pas à refermer.

4. Déposez un bâtonnet en bois au milieu de chaque disque. Recouvrez avec l'autre disque de pâte et soudez les bords en appuyant à l'aide d'une fourchette.

5. Badigeonnez les sucettes de jaune d'œuf au pinceau puis enfournez pendant 15 min, jusqu'à ce qu'elles soient bien dorées. Laissez tiédir avant de déguster.

FINGERS AU CITRON ET AU CAFÉ

Pour 6 personnes
1 h de préparation
4 h de réfrigération
20 min de cuisson

MATÉRIEL
Poche à douille
Mixeur plongeant

INGRÉDIENTS : Pour la pâte sablée au café : 250 g de farine • 140 g de beurre pommade • 100 g de sucre semoule • 10 g de café en poudre • 5 g de café soluble • 1 jaune d'œuf • 5 cl d'eau **Pour la crème au citron :** 10 g de gélatine en feuilles • 4 citrons • 10 cl de lait entier • 65 g de sucre semoule • 4 œufs entiers • 160 g de chocolat blanc • 120 g de beurre doux **Pour la finition :** Grains de café • Zestes de 1 citron jaune • Une vingtaine de petites meringues du commerce

1. Préparez la pâte sablée au café : versez la farine dans un bol. Ajoutez le beurre en morceaux et incorporez le sucre semoule et le café en poudre. Sablez ce mélange à la main afin d'incorporer le beurre aux éléments secs. Procédez ainsi afin d'obtenir une texture sableuse assez fine. Diluez le café soluble ou le Nescafé® dans de l'eau tiède. Versez le mélange sur le plan de travail, ajoutez ensuite le jaune d'œuf et l'eau avec le café, puis malaxez pour obtenir une pâte homogène. Enveloppez la pâte dans du film alimentaire et laissez reposer au frais pendant 2 h.

2. Préchauffez le four à 160 °C (th. 5-6). Étalez la pâte sur 3 mm d'épaisseur à l'aide d'un rouleau à pâtisserie. Découpez 12 rectangles de 12 × 3 cm et déposez-les sur une feuille de papier sulfurisé. Enfournez pour 10 min de cuisson. Laissez refroidir.

3. Préparez la crème au citron : faites tremper les feuilles de gélatine dans de l'eau froide. À l'aide d'un économe, prélevez les zestes de 2 citrons et pressez-les pour en recueillir le jus. Dans un bol, versez le lait, le sucre, les œufs, le jus des 4 citrons ainsi que les zestes de 2 citrons. Placez le bol dans un bain-marie. En remuant sans cesse, faites cuire la crème jusqu'à ce qu'elle devienne épaisse. Ajoutez la gélatine essorée, le chocolat blanc et le beurre coupés en petits morceaux. Mixez pendant 2 min. Réservez au frais pendant 2 h.

4. Réalisez la finition : remplissez une poche à douille unie de crème au citron. Déposez le sablé rectangulaire sur une assiette et réalisez des boudins avec la crème au citron sur toute la longueur. Refermez avec un autre sablé et décorez avec les grains de café, les zestes de citron et quelques petites brisures de meringues.

CHARLOTTE POIRES, CHOCO ET CARAMEL

Pour 6 à 8 personnes
45 min de préparation
4 h de repos

MATÉRIEL
Moule à manqué
Mixeur
Batteur électrique
Cercle de 12 cm de diamètre

INGRÉDIENTS : 24 biscuits type langues-de-chat • ½ poire **Pour la gelée de poire :** 50 g de chair de poires • 30 g de sucre en poudre • 1 g d'agar-agar **Pour la mousse au caramel :** 130 g de chocolat au caramel • 4 blancs d'œufs • 1 pincée de sel **Pour la mousse au chocolat :** 130 g de chocolat noir corsé • 4 blancs d'œufs • 1 pincée de sel **Toppings :** Noisettes • ½ poire

1. Préparez la gelée de poire. Mixez la chair des poires pour obtenir un coulis lisse. Mettez-le dans une casserole avec le sucre, et mélangez à feu moyen pendant 3 min. Versez un peu d'eau froide sur la poudre d'agar-agar et mélangez. Ajoutez dans la casserole et mélangez au fouet. Continuez à fouetter pendant 2 min à feu doux. Tapissez un plat avec du papier cuisson. Déposez un cercle de 12 cm de diamètre et versez la préparation. Placez au réfrigérateur 1 h.

2. Réalisez la mousse au caramel. Faites fondre au bain-marie le chocolat caramel. Montez les blancs en neige bien ferme avec le sel. Intégrez 2 à 3 cuillerées de blancs dans le chocolat et mélangez vivement pour l'assouplir. Ajoutez le reste délicatement avec une maryse.

3. Réalisez la mousse au chocolat de la même façon.

4. Filmez un moule à manqué. Déposez à la verticale les langues de chat, côté bombé contre la paroi (sans les superposer). Versez la mousse au caramel au fond. Déposez le disque de gelée à la poire. Pelez la demi-poire et coupez-la en petits cubes. Déposez-les sur la gelée. Recouvrez avec la mousse au chocolat. Terminez en déposant les dernières langues de chat, côté bombé sur la mousse. Placez au frais pendant 3 h minimum.

5. Au moment de servir, décorez de quelques noisettes concassées et de cubes de poire.

PARIS-BREST FAÇON VACHERIN AU PRALINÉ

Pour 6 personnes
30 min de préparation
1 h 30 de cuisson
2 h de repos

MATÉRIEL
Poche à douille cannelée
Batteur électrique

INGRÉDIENTS : 50 g de noisettes décortiquées • 1 l de glace au praliné • 4 cuil. à soupe de crème praliné noisette • Amandes effilées **Pour la meringue :** 2 blancs d'œufs • 60 g de sucre en poudre • 60 g de sucre glace • 4 cuil. à soupe de pralin **Pour la crème chantilly :** ½ gousse de vanille • 20 cl de crème fleurette bien froide • 1 cuil. à soupe de sucre glace

1. Préparez la meringue. Préchauffez le four à 100 °C (th. 3-4). Fouettez les blancs d'œufs en neige à l'aide d'un batteur électrique jusqu'à ce qu'ils soient fermes. Ajoutez alors le sucre en poudre et fouettez encore. Incorporez délicatement le sucre glace à l'aide d'une spatule.

2. Transvasez la meringue dans poche à douille cannelée et déposez des petites sphères de meringue sur une plaque tapissée de papier sulfurisé. Parsemez-les de pralin et enfournez pour 1 h 30 de cuisson. Lorsque les meringues sont cuites, laissez-les refroidir dans le four ouvert.

3. Torréfiez les noisettes quelques minutes dans une poêle sans matière grasse, puis concassez-les. Travaillez la glace au praliné à la spatule pour l'assouplir légèrement. Recouvrez le fond de 6 petits bols de film alimentaire. Répartissez la moitié de la glace dans le fond des bols. Ajoutez quelques morceaux de meringue, la crème praliné noisette et les noisettes concassées. Terminez en recouvrant de la glace restante. Lissez-en bien la surface. Parsemez de quelques éclats de meringue et placez au congélateur au moins 2 h.

4. Ouvrez la gousse de vanille et prélevez les graines à l'intérieur. Juste avant de servir, montez la crème fleurette en chantilly en la fouettant au batteur électrique avec le sucre glace et les graines de vanille. Démoulez les vacherins et décorez-les avec des petites meringues, de la chantilly et des amandes effilées préalablement torréfiées. Servez aussitôt.

FRAISIER FAÇON NAKED CAKE

Pour 20 personnes
2 h 20 de préparation
1 h 50 de cuisson
1 h de repos

MATÉRIEL
Moule de 10 cm de diamètre
Moule de 15 cm de diamètre

INGRÉDIENTS : Pour les gâteaux : 2 génoises de 15 cm de diamètre (voir p. 17) • ½ génoise de 10 cm de diamètre (voir p. 17) **Pour la crème au beurre :** 250 g de beurre pommade • ½ cuil. à café d'extrait d'amande amère • 500 g de sucre glace • 2 cuil. à soupe de lait **Pour le dressage :** Environ 20 fraises • Groseilles

1. Préchauffez le four à 180 °C (th. 6).

2. Préparez les génoises comme indiqué page 17. Pour la génoise de 10 cm de diamètre, n'utilisez que la moitié des ingrédients et faites-la cuire 30 min.

3. Sortez les gâteaux du four, retournez-les sur une planche, enlevez le papier cuisson, puis retournez-les à nouveau sur une grille. Laissez refroidir.

4. Une fois les gâteaux froids, découpez leur partie supérieure avec un grand couteau à dents. Coupez-les en deux dans l'épaisseur.

5. Battez le beurre jusqu'à obtenir une consistance lisse et crémeuse. Continuez pendant 1 min en versant l'extrait d'amande amère. Ajoutez le sucre glace petit à petit, en veillant à ce qu'il soit bien incorporé. Versez le lait en trois fois. Arrêtez de battre une fois que l'appareil est ferme et lisse.

6. Rincez et séchez les fraises. Équeutez-les et coupez-les en deux.

7. Répartissez grossièrement la crème sur 3 disques de 15 cm de diamètre. Déposez quelques morceaux de fraises en quinconce. Superposez tous les disques de 15 cm de diamètre et lissez les bords avec une spatule. Faites de même avec les disques de 10 cm de diamètre. Placez-les au frais.

8. Sortez les gâteaux du réfrigérateur 10 min avant de servir. Superposez- les et décorez de fruits rouges.

FORÊT BLANCHE

Pour 8 personnes
1 h de préparation
35 min de cuisson
1 h de repos

MATÉRIEL
Batteur électrique

INGRÉDIENTS : Pour la génoise au chocolat blanc : 6 œufs • 150 g de sucre • 150 g de farine • 1 sachet de levure chimique • 15 cl de lait frais • 100 g de chocolat blanc **Pour le sirop de chocolat blanc :** 25 cl d'eau • 50 g de sucre • 50 g de chocolat blanc **Pour la crème Chantilly :** 1 l de crème fleurette froide • 100 g de sucre glace **Pour le montage et la décoration :** 150 g de chocolat blanc • 6 cerises avec queues • 1 pot de confiture de griottes • Poudre de chocolat blanc

1. Préparez la génoise au chocolat blanc. Séparez les blancs des jaunes d'œufs. Ajoutez le sucre dans les jaunes et battez au fouet jusqu'à ce que le mélange soit mousseux. Ajoutez la farine, la levure et le lait. Mélangez vivement. Râpez le chocolat blanc et ajoutez-le à la préparation. Montez les blancs en neige. Incorporez-les délicatement à la préparation. Préchauffez le four à 180 °C (th. 6). Chemisez un moule de papier sulfurisé et versez-y la pâte. Faites cuire 25 à 30 min. Démoulez la génoise et laissez-la refroidir sur une grille.

2. Préparez le sirop de chocolat blanc. Dans une casserole, faites chauffer l'eau avec le sucre et le chocolat blanc, jusqu'à former un sirop.

3. Préparez la crème Chantilly. Dans un bol froid, montez la crème fleurette en chantilly et ajoutez le sucre. Cessez de battre quand la chantilly est bien ferme. Réservez au frais.

4. Décorez le gâteau. Faites fondre le chocolat blanc. Trempez-y entièrement les cerises afin de bien les enrober et laissez sécher.

5. Montez le gâteau. Quand la génoise est bien refroidie, coupez-la dans l'épaisseur, en trois parties égales. Imbibez le premier disque de génoise de sirop de chocolat blanc. Tapissez ensuite de confiture de griottes, puis nappez de chantilly. Déposez le deuxième disque de génoise. Imbibez de sirop de chocolat, puis ajoutez de la confiture de griottes et de la chantilly. Déposez le dernier disque.

6. Couvrez le gâteau avec le reste de chantilly. Lissez à l'aide d'une spatule et saupoudrez de chocolat blanc. Décorez avec les cerises trempées dans le chocolat blanc. Laissez reposer 1 h au réfrigérateur.

CHEESECAKES GLAÇAGE AU CITRON

Pour 6 personnes
2 h de préparation
45 min de cuisson
4 h de repos

MATÉRIEL
Mixeur plongeant
6 moules individuels

INGRÉDIENTS : Pour la crème : 330 g de cream cheese type Philadelphia® • 20 g de beurre doux • 2 feuilles de gélatine • 90 g de jaunes d'œufs • 45 g de sucre semoule • 20 cl de crème liquide **Pour le sablé :** 225 g de farine • 105 g de poudre d'amandes • 100 g de sucre semoule • 5 g de levure chimique • 200 g de beurre pommade • 5 g de sel fin • 3 jaunes d'œufs • 360 g de chocolat blanc • 35 g d'huile de tournesol • 180 g de corn-flakes **Pour le glaçage au citron :** 10 g de gélatine en feuilles • 4 citrons jaunes • 10 cl de lait entier • 65 g de sucre semoule • 4 œufs entiers • 160 g de chocolat blanc • 120 g de beurre doux

1. Préparez la crème au fromage. Déposez le cream cheese et le beurre dans un bol. Faites tremper les feuilles de gélatine dans de l'eau froide. Fouettez les jaunes et le sucre dans un bol pendant 1 min. Faites chauffer la crème liquide dans une casserole. Quand elle est à ébullition, versez la moitié sur les jaunes, mélangez et remettez dans la casserole ; faites cuire à feu moyen, jusqu'à ce que la crème épaississe. Hors du feu, ajoutez la gélatine essorée et mélangez. Versez sur le fromage et le beurre et mixez pendant 2 min. Versez dans les moules et placez-les 2 h au congélateur.

2. Préchauffez le four à 170 °C (th. 5-6). Préparez une pâte sablée aux amandes en suivant les instructions de la page 36 (sans le crémeux au citron).

3. Quand la pâte est homogène, étalez-la entre deux feuilles de papier sulfurisé sur une épaisseur de 5 mm. Réservez 1 h au frais. Détaillez ensuite des ronds de la même taille que les moules de fromage blanc. Réservez au frais.

4. Préparez le glaçage crémeux au citron : faites tremper les feuilles de gélatine dans de l'eau froide. Prélevez les zestes de 2 citrons et pressez les 4 pour en recueillir le jus. Dans un bol, versez le lait, le sucre, les œufs, le jus et les zestes. Placez le bol dans un bain-marie. En remuant sans cesse, faites cuire la crème jusqu'à ce qu'elle devienne épaisse.

5. Ajoutez la gélatine essorée, le chocolat et le beurre en morceaux. Passez au mixeur pendant 2 min.

6. Démoulez les palets de fromage blanc sur une grille. Versez le glaçage par-dessus. Placez-les au congélateur pendant 1 h. Posez chaque palet de fromage blanc sur un sablé aux amandes. Réservez au frais.

GÂTEAU AUX FRAISES EN ÉTAGES

Pour 6 à 8 personnes
25 min de préparation
25 min de cuisson

MATÉRIEL
2 moules à manqué
de 20 cm de diamètre

INGRÉDIENTS : 1 pot de yaourt nature • ½ gousse de vanille • 3 œufs • ½ pot d'huile • 2 pots de sucre semoule • 1 pointe de couteau de colorant rouge • 3 pots de farine • 1 sachet de levure chimique

Pour le glaçage : 400 g de fraises • 120 g de beurre • 500 g de cream cheese type Philadelphia® • 1 cuil. à café d'arôme de vanille • 100 g de sucre glace

1. Préchauffez le four à 180 °C (th. 6).

2. Coupez la gousse de vanille en deux et prélevez les graines à l'aide d'un couteau. Réservez.

3. Dans un saladier, fouettez vivement les œufs avec le yaourt. Ajoutez l'huile, le sucre semoule, les graines de vanille, le colorant rouge, la farine et la levure. Mélangez bien, jusqu'à obtenir une pâte homogène sans grumeaux.

4. Répartissez la préparation dans les deux moules tapissés de papier de cuisson, puis enfournez pour 20 à 25 min.

5. Vérifiez la cuisson avec la pointe d'un couteau, elle doit ressortir sèche. Laissez bien refroidir.

6. Préparez le glaçage. Coupez les fraises en deux.

7. Dans un saladier, fouettez vivement le beurre, jusqu'à ce qu'il devienne crémeux et léger.

8. Ajoutez petit à petit le cream cheese et continuez de battre.

9. Ajoutez l'arôme de vanille et le sucre glace et mélangez bien.

10. Coupez chaque gâteau en deux horizontalement.

11. Placez une première couche de gâteau sur une assiette, étalez une couche de glaçage, parsemez de fraises, recouvrez d'une deuxième couche de gâteau, de glaçage et de fraises, et recommencez l'opération en empilant les couches de gâteau.

12. Décorez le dessus de fraises et réservez au frais jusqu'au moment de servir.

RELIGIEUSE GÉANTE

Pour 6 personnes
40 min de préparation
35 min de cuisson
2 h de repos

MATÉRIEL
Cercle à pâtisserie
de 18 cm de diamètre
Poche à douille
2 plaques à pâtisserie

INGRÉDIENTS : Pour le sablé breton cacao-orange : 3 jaunes d'œufs • 100 g de sucre • 110 g de beurre • 140 g de farine • 1 sachet de levure • 1 pincée de sel • 2 cuil. à soupe de cacao • 1 cuil. à café de zestes fins d'orange

INGRÉDIENTS : Pour la crème pâtissière au chocolat : 50 g de chocolat noir dessert • 3 jaunes d'œufs • 60 g de sucre • 25 g de Maïzena • 25 cl de lait • 35 g de beurre

INGRÉDIENTS : Pour la pâte à choux : 20 cl d'eau • 75 g de beurre • 1 pincée de sel • 1 cuil. à soupe de sucre • 125 g de farine • 3 œufs

INGRÉDIENTS : Pour le glaçage : 1 blanc d'œuf • 200 g de sucre glace • 1 cuil. à soupe de cacao

RELIGIEUSE GÉANTE (SUITE)

1. Préparez le sablé : blanchissez les jaunes d'œufs et le sucre. Ramollissez le beurre dans un bol et incorporez-le au mélange précédent. Lissez la préparation. Ajoutez la farine et la levure, le sel, le cacao et les zestes d'orange. Mélangez bien la pâte puis laissez-la reposer 2 h au frais. Préchauffez le four à 180 °C (th. 6). Étalez la pâte sur 5 mm d'épaisseur entre deux feuilles de papier sulfurisé. Coupez-la avec le cercle à pâtisserie. Enfournez 20 min et laissez refroidir sur la grille.

2. Préparez la crème pâtissière au chocolat : cassez le chocolat en morceaux. Blanchissez les jaunes et le sucre. Ajoutez la Maïzena. Faites chauffer le lait dans une casserole et ajoutez le chocolat. Fouettez bien jusqu'à ce que la préparation soit homogène. Versez sur les œufs en fouettant puis reversez dans la casserole. Laissez prendre la crème quelques minutes à feu doux pour qu'elle épaississe, sans cesser de mélanger. Versez dans un saladier, ajoutez le beurre en morceaux et mélangez pour lisser la préparation. Laissez refroidir et gardez au frais jusqu'à utilisation.

RELIGIEUSE GÉANTE (SUITE)

3. Préparez les choux. Versez, dans une casserole, l'eau, le beurre, le sel et le sucre. Portez à ébullition puis ajoutez la farine en une seule fois. Fouettez et travaillez la préparation qui doit se décoller de la casserole et former une boule. Hors du feu, ajoutez les œufs un à un, en mélangeant bien après chaque ajout. Vous obtenez une pâte bien homogène. Versez dans une poche à douille. Garnissez de papier sulfurisé les plaques. Préchauffez le four à 180 °C (th. 6). Dressez à la douille des petits choux en les espaçant bien. Enfournez 15 min.

4. Fouettez, dans un bol, le blanc d'œuf et le sucre glace pour préparer le glaçage. Faites chauffer doucement au bain-marie. Versez le cacao, fouettez jusqu'à obtenir une texture bien lisse. Retirez et fouettez jusqu'à refroidissement.

5. Montez le gâteau : déposez le sablé breton sur un plat de service. Fourrez, à l'aide de la poche à douille, les choux de crème pâtissière au chocolat. Déposez en les serrant bien des petits choux sur toute la surface du sablé breton. Glacez avec le chocolat en les enrobant bien. Laissez sécher. Ajoutez d'autres choux glacés sur le dessus. Décorez la religieuse avec le reste de crème pâtissière.

MACARONS BLEUS

Pour 25 macarons
35 min de préparation
3 h de réfrigération
30 min de cuisson

MATÉRIEL
Poche munie d'une douille lisse de 8 mm
Mixeur
Batteur électrique
Fouet

INGRÉDIENTS : Pour les coques : 140 g de sucre glace • 80 g de poudre d'amandes • 70 g de blancs d'œufs • 20 g de sucre semoule • Colorant alimentaire bleu en poudre **Pour la ganache :** 35 g de crème liquide • 1 cuil. à café de miel d'acacia • 80 g de chocolat blanc • 100 g de crème liquide bien froide

1. Préparez la ganache. Versez la crème liquide et le miel dans une casserole. Portez à ébullition avant de verser sur le chocolat blanc haché. Mélangez bien et ajoutez les 100 g de crème bien froide, mélangez a nouveau doucement, sans fouetter puis recouvrez de film alimentaire et placez au frais au moins 3 h.

2. Mixez le sucre glace et la poudre d'amandes puis tamisez ce mélange. Montez les blancs en neige ferme, ajoutez le sucre semoule et fouettez à vitesse maximale. Incorporez petit à petit le mélange poudre d'amandes-sucre glace et une pointe de couteau de colorant bleu en travaillant à la maryse. Le mélange doit être brillant, lisse et former un ruban.

3. Mettez l'appareil dans la poche munie d'une douille lisse de 8 mm et dressez les macarons en dômes de 3,5 cm de diamètre sur une feuille de papier cuisson. Tapez la plaque 2 ou 3 fois sur le plan de travail pour chasser les bulles d'air et laissez crouter 20 min. Faites cuire pendant 20 min à 120 °C (th. 4), puis laissez refroidir complètement les coques avant de les détacher.

4. Montez la ganache au fouet comme une chantilly et garnissez-en les coques refroidies.

3

GÂTEAUX TENDANCE

TARTE BICOUCHE À LA MOUSSE AUX TAGADA®

Pour 6 personnes
1 h 30 de préparation
30 min de cuisson
4 h 30 de repos

MATÉRIEL
Batteur électrique

INGRÉDIENTS : 30 cl de crème pâtissière (voir p. 21) **Pour la pâte sablée :** 120 g de beurre mou (à température ambiante) • 80 g de sucre glace • 30 g de poudre d'amandes • 1 œuf • 200 g de farine + un peu pour le plan de travail • 1 grosse pincée de sel **Pour la mousse aux Tagada® :** 120 g de Tagada® • 25 cl de crème fleurette entière bien froide • 1 blanc d'œuf

1. Préparez la pâte sablée. Battez le beurre en crème, puis ajoutez peu à peu le sucre glace, la poudre d'amandes, l'œuf et la farine mélangée au sel. Arrêtez de travailler la pâte dès qu'elle est homogène. Enveloppez-la de film alimentaire et réservez-la au frais pendant 3 h. Préchauffez le four à 180 °C (th. 6). Étalez la pâte sur 3 à 4 mm en veillant à toujours bien saupoudrez le plan de travail de farine. Elle doit toujours se décoller facilement. Déposez-la dans un moule à tarte. Pressez bien la pâte contre le moule et retirez l'excédent de de pâte. Réservez au froid pendant 20 min. Faites cuire la pâte à blanc pendant 20 min.

2. Faites fondre très doucement les Tagada® dans 2 cuil. à soupe de crème. Mélangez et réservez au frais pendant 5 à 10 min, le temps que la crème refroidisse.

3. Pendant ce temps, fouettez la crème restante en chantilly et montez le blanc d'œuf en neige. Incorporez délicatement la crème Chantilly, puis le blanc d'œuf en neige dans la crème de fraises tiède.

4. Déposez une couche de crème pâtissière sur le fond de tarte (d'environ 1 cm d'épaisseur), puis recouvrez-la avec la mousse aux Tagada®. Réservez au frais pendant 1 h avant de déguster.

CONSEIL

Pour une crème plus ferme, ajoutez 1 ou 2 feuilles de gélatine dans la crème aux Tagada® chaude.

CUPCAKES AUX SNICKERS®

Pour 15 cupcakes
25 min de préparation
15 min de cuisson
30 min de repos

MATÉRIEL
Moules à muffins
Poche à douille cannelée

INGRÉDIENTS : 1 pot de yaourt nature • 3 pots de farine • 1 pot de cacao en poudre • 1 sachet de levure chimique • 3 œufs • ½ pot d'huile de tournesol • 2 pots de sucre semoule • 15 mini-Snickers® • 2 cuil. à soupe de lait • 350 g de fromage frais • 80 g de beurre mou

1. Préchauffez le four à 180 °C (th. 6).

2. Tamisez la farine avec le cacao et la levure.

3. Coupez en deux les mini-Snickers®. Réservez-en une moitié.

4. Dans un saladier, fouettez vivement les œufs avec le yaourt. Ajoutez l'huile et le sucre semoule. Mélangez bien.

5. Versez en trois fois le mélange farine-cacao-levure. Remuez bien la pâte.

6. Versez la préparation dans les petits moules à muffins. Déposez une moitié de mini-Snickers® au centre, puis enfournez pour 15 min. Vérifiez la cuisson avec la pointe d'un couteau, elle doit ressortir sèche.

7. Sortez du four, puis laissez refroidir sur une grille.

8. Préparez la crème. Mixez les mini-Snickers® avec le lait.

9. Dans un saladier, mélangez le fromage frais avec le beurre mou, jusqu'à obtenir un mélange homogène.

10. Incorporez les mini-Snickers® mixés et remuez de nouveau. Laissez reposer au frais 30 min.

11. À l'aide de la poche à douille cannelée, recouvrez chaque petit gâteau de crème. Surmontez des moitiés de mini-Snickers® réservées. Placez au frais avant de servir.

CAKE POPS AU CHOCOLAT ET PAIN D'ÉPICES

Pour 12 à 15 cake pops
1 h de préparation
3 h 30 de repos
40 min de cuisson

MATÉRIEL
Moule à cake
Bâtonntes à sucettes

INGRÉDIENTS : 1 pot de yaourt nature • 3 œufs • ½ pot d'huile • 2 pots de sucre semoule • 1 pot de cacao en poudre • 1 cuil. à café de poudre de pain d'épices • 1 cuil. à café de cannelle en poudre • 2 pots de farine • 1 sachet de levure chimique **Pour les cakes pops :** 150 g de cream cheese type Philadelphia® • 200 g de chocolat pâtissier • Billes de couleur

1. Préchauffez le four à 180 °C (th. 6).

2. Dans un saladier, fouettez vivement les œufs avec le yaourt. Ajoutez l'huile, le sucre semoule, le cacao, la poudre de pain d'épices, la cannelle, la farine et la levure. Mélangez bien.

3. Versez la préparation dans le moule tapissé de papier de cuisson, puis enfournez pour 35 à 40 min. Vérifiez la cuisson avec la pointe d'un couteau, elle doit ressortir sèche. Laissez bien refroidir.

4. Préparez les cake pops. Émiettez le gâteau dans un saladier. Ajoutez le cream cheese, puis pétrissez avec vos mains, jusqu'à obtenir une pâte bien homogène. Formez 12 à 15 boules de la taille d'une balle de golf, déposez-les sur une assiette, puis placez au frais 30 min.

5. Faites fondre quelques carrés de chocolat au bain-marie.

6. Prenez un bâtonnet à sucette, trempez-le dans le chocolat sur 1,5 cm et enfoncez-le dans une boule de gâteau. Répétez l'opération pour toutes les boules. Laissez durcir au réfrigérateur 1 h.

7. Cassez le reste de chocolat en petits morceaux et faites-les fondre doucement au bain-marie.

8. Prenez une pops (boule de gâteau), plongez-la à la verticale dans le chocolat, couvrez-la entièrement puis faites-la pivoter pour enlever l'excédent de chocolat. Lissez avec la lame d'un couteau si besoin.

9. Décorez les cake pops en saupoudrant de billes de couleur sur le dessus. Piquez les bâtonnets dans une boîte à œufs, puis laissez durcir à température ambiante au minimum 2 h.

MINI-PIÈCES MONTÉES AUX CARAMBAR®

Pour 4 mini-pièces montées
1 h de préparation
40 min de cuisson

MATÉRIEL
Moule rond
Papier cuisson
Emporte-pièce

INGRÉDIENTS : 1 pot de yaourt nature • 15 Carambar® • 2 cuil. à soupe de lait • 3 pots de farine • 1 sachet de levure chimique • 3 œufs • ½ pot d'huile • 2 pots de sucre semoule • Quelques bonbons de votre choix (M&M's® ou Malteser®...) **Pour la sauce :** 12 Carambar® • 5 cl de lait

1. Préchauffez le four à 180 °C (th. 6).

2. Faites fondre les Carambar® avec le lait dans une casserole à feu doux. Réservez.

3. Tamisez la farine avec la levure.

4. Dans un saladier, fouettez vivement les œufs avec le yaourt. Ajoutez l'huile et le sucre semoule. Versez les Carambar® fondus et mélangez bien.

5. Versez en trois fois le mélange farine-levure. Remuez bien la pâte.

6. Tapissez le moule rond de papier de cuisson et versez la préparation, puis enfournez pour 35 à 40 min. Vérifiez la cuisson avec la pointe d'un couteau, elle doit ressortir sèche.

7. Sortez du four et laissez refroidir sur une grille.

8. Préparez la sauce. Faites fondre 10 Carambar® avec le lait (gardez-en 2 pour la décoration). Réservez.

9. Préparez les mini-pièces montées. À l'aide des emporte-pièce, détaillez 3 morceaux de différentes tailles dans le gâteau au yaourt.

10. Sur une assiette, placez les morceaux de gâteau du plus grand au plus petit. Versez la sauce sur le dessus, puis déposez les 2 Carambar® réservés et quelques bonbons pour décorer. Dégustez aussitôt.

PAVLOVA AU MASCARPONE

Pour 8 personnes
1 h de préparation
1 h de cuisson
4 h de repos

MATÉRIEL
Poche à douille unie
Moule demi-sphère de
18 cm de diamètre

INGRÉDIENTS : Pour la meringue française : 150 g de blancs d'œufs • 340 g de sucre semoule **Pour la crème au mascarpone :** 2 feuilles de gélatine • 125 g de crème liquide • 120 g de jaunes d'œufs • 90 g de sucre semoule • 150 g de blancs d'œufs • 125 g de mascarpone

1. Préchauffez le four à 110 °C (th. 3-4). Préparez la meringue française : montez les blancs d'œufs en neige en incorporant 170 g de sucre. Quand ils ont doublé de volume, versez encore 90 g de sucre : ils doivent être fermes et brillants. Pour finir, ajoutez-leur le reste de sucre semoule, puis garnissez une poche à douille unie. Réalisez ensuite des disques de meringue de 3, 4 et 6 cm de diamètre. Enfournez et laissez cuire 1 h. À la sortie du four, laissez refroidir. Réservez un peu de meringue pour décorer.

2. Préparez la crème au mascarpone : trempez les feuilles de gélatine dans de l'eau. Montez la crème liquide en chantilly et réservez au frais. Montez les jaunes d'œufs au batteur avec la moitié du sucre pour obtenir une consistance mousseuse. Montez ensuite les blancs d'œufs au batteur avec le reste du sucre. Mélangez le mascarpone avec les jaunes et le sucre, ajoutez la gélatine essorée, et incorporez ensuite les blancs montés puis la crème fouettée. Versez la crème dans une poche à douille et réservez au frais.

3. Garnissez le fond d'un grand moule en demi-sphère de crème au mascarpone. Ajoutez ensuite le premier disque de meringue, le plus petit. Répétez l'opération en alternant la crème et les disques de meringue. Placez le moule au congélateur pendant 4 h. Démoulez la pavlova sur une assiette et ajoutez des brisures de meringue pour la décoration.

MONT-BLANC, DRAGÉES, POIRES ET VANILLE

Pour 6 personnes
50 min de préparation
17 min de cuisson
2 h 30 de repos

MATÉRIEL
Cercle à pâtisserie de 20 cm de diamètre environ
Robot

INGRÉDIENTS : Pour la ganache au chocolat blanc : 1 gousse de vanille • 25 cl de crème liquide • 50 g de chocolat blanc pâtissier **Pour le biscuit dacquoise aux dragées :** 2 blancs d'œufs • 20 g de sucre en poudre • 60 g de poudre d'amandes • 30 g de dragées finement concassées • 55 g de sucre glace **Pour la garniture :** 4 cuil. à soupe de confiture de poire • 8 demi-poires au sirop **Pour les vermicelles :** 150 g de crème de marron • 250 g de purée de marron • 1 cuil. à soupe d'alcool de poire

1. Préparez la ganache : ouvrez la gousse de vanille en deux et, de la pointe d'un couteau, récupérez les graines. Faites chauffer la crème avec ces graines. Versez la crème sur le chocolat blanc cassé en morceaux. Mélangez jusqu'à l'obtention d'une préparation bien lisse. Placez au congélateur.

2. Préparez le biscuit dacquoise : à l'aide d'un robot pâtissier, fouettez les blancs d'œufs en neige avec le sucre en poudre. Dans un saladier, mélangez la poudre d'amandes, les dragées concassées et le sucre glace. Incorporez délicatement cette préparation aux blancs en neige.

3. Préchauffez le four à 180 °C (th. 6). Déposez un cercle à pâtisserie beurré, haut de 4 à 5 cm, sur la plaque du four recouverte de papier sulfurisé. En utilisant une poche à douille de 1 cm de diamètre, couchez la pâte à dacquoise en spirale en partant du centre du cercle. Enfournez pendant 12 min. Laissez refroidir et déposez le biscuit dacquoise sur un plat de service, sans enlever le cercle.

4. Retirez la ganache du congélateur et fouettez-la jusqu'à l'obtention d'une chantilly bien ferme.

5. Étalez la confiture de poires sur le biscuit. Disposez les demi-poires et recouvrez de ganache. Lissez la surface et placez 2 h au réfrigérateur.

6. Préparez la garniture au marron : mélangez longuement au robot la crème et la purée de marrons avec l'alcool de poire.

7. Pour la finition, utilisez une poche munie d'une douille à nid pour recouvrir le gâteau de vermicelles au marron. Retirez le cercle avant de servir.

MERVEILLEUX FRAISES ET PRALINES ROSES

Pour 6 personnes
20 min de préparation
2 h de cuisson

MATÉRIEL
Robot
Poche à douille

INGRÉDIENTS : 150 g de fraises • 75 g de pralines roses **Pour la meringue :** 8 blancs d'œufs • 250 g de sucre en poudre • 8 cl de sirop de fraise **Pour la crème Chantilly :** 75 cl de crème liquide entière très froide • 10 cl de sirop de grenadine

1. Préparez la meringue : préchauffez le four à 90 °C (th. 3). Dans le bol d'un robot pâtissier, fouettez les blancs d'œufs avec le sucre en poudre jusqu'à l'obtention d'une neige ferme. Sans cesser de fouetter, incorporez le sirop de fraise.

2. Recouvrez la plaque du four de papier sulfurisé. À l'aide d'une poche à douille, déposez la meringue en spirale de façon à obtenir 12 disques de 6 cm de diamètre. Enfournez pour 2 h. Laissez bien refroidir après la cuisson.

3. Enveloppez les pralines dans un linge et concassez-les en utilisant un rouleau à pâtisserie.

4. Préparez la chantilly : juste avant de servir, montez la crème liquide en chantilly avec le sirop de grenadine dans le bol du robot muni d'un fouet.

5. Pour la finition, sur des assiettes individuelles, déposez un disque de meringue, recouvrez de fraises, puis de chantilly. Mettez un second disque, recouvrez une nouvelle fois de fraises et de chantilly. Recouvrez également le bord des merveilleux, puis saupoudrez de pralines roses concassées. Dégustez immédiatement.

MERVEILLEUX AUX TROIS CHOCOLATS

Pour 6 à 8 personnes
20 min de préparation
2 h de cuisson

MATÉRIEL
Robot
Poche à douille

INGRÉDIENTS : 100 g de chocolat au lait • 50 g de chocolat noir • 50 g de chocolat blanc **Pour la meringue :** 8 blancs d'œufs • 250 g de sucre en poudre **Pour la crème Chantilly :** 75 cl de crème liquide entière très froide • 4 sachets de sucre vanillé

1. Préparez la meringue : préchauffez le four à 90 °C (th. 3). Dans le bol d'un robot pâtissier, fouettez les blancs d'œufs avec le sucre en poudre jusqu'à l'obtention d'une neige ferme.

2. Recouvrez la plaque du four de papier sulfurisé. À l'aide d'une poche à douille, déposez la meringue en spirale de façon à obtenir 3 disques de 18 cm de diamètre. Enfournez pour 2 h. Laissez bien refroidir après la cuisson.

3. En utilisant un robot ou une râpe à fromage, râpez les trois chocolats dans trois récipients différents.

4. Juste avant de servir, préparez la chantilly : à l'aide d'un robot pâtissier muni d'un fouet, montez la crème liquide en chantilly avec le sucre vanillé. Incorporez délicatement la moitié du chocolat au lait râpé.

5. Pour la finition, sur un plat de service, déposez un disque de meringue, recouvrez d'un tiers de chantilly, mettez un deuxième disque, recouvrez d'un tiers de chantilly, puis déposez le troisième disque de meringue et recouvrez du restant de chantilly sur le dessus et sur les côtés. Saupoudrez de chocolat noir et de chocolat blanc. Dégustez immédiatement.

ANGEL CAKE GLACÉ AU CITRON

Pour 6-8 personnes
25 min de préparation
40 min de cuisson

MATÉRIEL
Batteur électrique
Moule à angel cake de 17 cm de diamètre

INGRÉDIENTS : Pour l'angel cake : 1 citron non traité • 40 cl d'huile neutre (pépin de raisin) • 60 g de lait • 90 g de farine • 1 pincée de sel • 1 cuil. à café de levure • 6 blancs d'œufs • 90 g de sucre semoule **Pour le glaçage au citron :** 100 g de sucre glace • Le jus de 1 citron non traité **Pour la chantilly :** 25 cl de crème fleurette • 25 g de sucre glace **Pour la décoration :** 1 citron non traité

1. Préchauffez le four à 160 °C (th. 5-6). Lavez le citron, prélevez ses zestes et pressez-le.

2. Mélangez l'huile, le jus de citron et le lait, puis ajoutez la farine, le sel, les zestes finement coupés et la levure et mélangez bien. Fouettez les blancs en neige en ajoutant le sucre en trois fois, jusqu'à ce qu'ils soient fermes, mais pas trop. Incorporez un quart des blancs montés au mélange précédent en remuant bien, puis ajoutez le reste très délicatement.

3. Versez la pâte dans le moule à angel cake et enfournez pour 40 min de cuisson.

4. Sortez l'angel cake du four et retournez-le pour le faire refroidir. Lorsque le gâteau est froid, démoulez-le en passant une lame sur les bords externes et internes du moule, puis faites-le descendre doucement le long de la cheminée.

5. Mélangez le sucre glace avec le jus de citron, délayez si besoin avec un peu d'eau et versez sur le gâteau. Coupez de fines tranches de citron et déposez-les sur le gâteau.

6. Montez la crème en chantilly avec le sucre glace jusqu'à ce qu'elle soit bien ferme et servez avec le gâteau.

BUNDT CAKE CHOCOLAT ET PRALINÉ

Pour 8 personnes
20 min de préparation
1 h 15 de cuisson

MATÉRIEL
Moule à cheminée rond

INGRÉDIENTS : 200 g de beurre pommade (mou) • 130 g de sucre en poudre • 2 cuil. à soupe de crème praliné noisette • 3 œufs • 250 g de farine • 50 g de poudre d'amandes • 1 sachet de levure chimique • 10 cl de lait • 1 cuil. à café d'extrait d'amande douce • 150 g de chocolat au lait • 50 g de pralin • 50 g d'amandes effilées
Pour la finition : 150 g de pralinoise (chocolat praliné) • 30 g d'amandes effilées torréfiées • Quelques amandes entières

1. Préchauffez le four à 210 °C (th. 7). Dans un saladier, fouettez le beurre avec le sucre, puis ajoutez la crème praliné noisette. Incorporez les œufs un à un, en mélangeant bien entre chaque ajout. Versez la farine, la poudre d'amandes et la levure. Mélangez de nouveau, puis versez petit à petit le lait et l'extrait d'amande douce.

2. Coupez le chocolat en petits morceaux. Concassez le pralin. Ajoutez le chocolat, le pralin et les amandes effilées à la préparation. Mélangez, puis versez la pâte dans un moule à cheminée rond beurré et fariné.

3. Enfournez le gâteau pour 45 min de cuisson. Baissez alors la température du four à 180 °C (th. 6) et prolongez la cuisson de 30 min. À la sortie du four, laissez le gâteau reposer 5 min avant de le démouler sur une grille.

4. Faites fondre la pralinoise dans une casserole à feu doux, puis versez-la sur le gâteau pour le glacer. Parsemez d'amandes effilées torréfiées et d'amandes entières. Laissez durcir le glaçage avant de servir.

SEMIFREDDO OREO® ET ORANGE

Pour 8 personnes
30 min de préparation
6 h de repos

MATÉRIEL
Batteur électrique

INGRÉDIENTS : 2 œufs • 40 g de sucre • 1 pincée de sel • 19 cl de crème liquide à 30 % • 55 g de mascarpone • ½ cuil. à café d'extrait de fleur d'oranger • 10 biscuits type Oreo® • ½ zeste d'orange
Pour la meringue : 2 blancs d'œufs • 60 g de sucre en poudre • 60 g de sucre glace

1. Placez un saladier au congélateur avec un fouet ou des batteurs. Séparez les blancs des jaunes d'œufs.

2. Dans un saladier, mélangez les jaunes avec le sucre et fouettez jusqu'à obtenir une consistance blanchie et mousseuse. Montez les blancs en neige bien ferme avec le sel. Ajoutez-les délicatement au mélange précédent.

3. Mélangez la crème et le mascarpone dans le saladier froid. Ajoutez la fleur d'oranger et continuez de mélanger jusqu'à ce que la consistance soit ferme. Mélangez doucement les deux préparations avec une spatule.

4. Dissociez les biscuits et supprimez la partie blanche centrale. Coupez-les en gros morceaux et intégrez-les délicatement à la préparation. Ajoutez les zestes d'orange.

5. Recouvrez un saladier de film alimentaire et versez la préparation à l'intérieur. Placez au congélateur pendant 6 h minimum.

6. Sortez le saladier du congélateur, puis préparez la meringue. Battez les blancs d'œufs avec un peu de sucre en poudre. Montez en intégrant petit à petit le reste de sucre en poudre. Une fois la meringue ferme, ajoutez le sucre glace avec une maryse.

7. Démoulez le semifreddo sur un plat, enlevez le film et recouvrez grossièrement de meringue. Brûlez légèrement la meringue au chalumeau ou passez quelques minutes sous le gril du four.

GAUFRETTE CAKE À LA VANILLE ET AU CARAMEL

Pour 8 personnes
20 min de préparation
6 h de réfrigération
30 min de congélation

MATÉRIEL
Moule à cake
Batteur électrique

INGRÉDIENTS : 20 cl de crème liquide à 30 % • 200 g de cream cheese type Philadelphia® • 200 g de mascarpone • 1 gousse de vanille • 50 g de sucre glace • 24 gaufrettes fines • Caramel au beurre salé liquide • Pop-corn caramélisés

1. Placez la crème dans un saladier en inox et maintenez 30 min au congélateur.

2. Dans un bol, mélangez le cream cheese et le mascarpone.

3. Coupez la gousse de vanille en deux dans le sens de la longueur. Récupérez les graines avec la pointe d'un couteau. Ajoutez-les au mélange précédent, en même temps que le sucre glace.

4. Sortez le saladier du congélateur. Ajoutez le contenu du bol et fouettez l'ensemble jusqu'à obtenir une chantilly dense et bien épaisse.

5. Filmez votre moule à cake et déposez une fine couche de chantilly à la vanille. Déposez quatre gaufrettes et recouvrez de crème. Répétez l'opération jusqu'à l'épuisement de la crème. Terminez par une couche de biscuits. Placez au réfrigérateur pour 6 h minimum.

6. Sortez le moule, démoulez sur un plat de présentation. Ajoutez un filet de caramel au beurre salé sur le dessus. Décorez de pop-corn et dégustez !

PYRAMIDES CROQUANTES AU NUTELLA®

Pour 6 pyramides
25 min de préparation
4 h de réfrigération

MATÉRIEL
Mixeur
Empreintes en forme de pyramides

INGRÉDIENTS : Pour la base : 230 g (9 pièces) de biscuits petit déjeuner aux graines et aux noisettes type Belvita • 75 g de beurre • 45 g de pralin **Pour l'appareil :** 4 feuilles de gélatine • 3 cuil. à soupe de Nutella® • 35 cl de crème liquide à 30 % **Pour les toppings :** 50 g de chocolat noir • 1 cuil. à soupe de noisettes • 1 cuil. à soupe de pralin

1. Déposez les feuilles de gélatine dans une assiette creuse avec de l'eau froide.

2. Préparez la base. Mixez finement les biscuits. Faites fondre le beurre et mélangez-le aux biscuits puis ajoutez le pralin. Placez la base dans un moule et tassez-la bien. Placez au réfrigérateur.

3. Dans une casserole, faites ramollir le Nutella® et versez petit à petit la crème en mélangeant au fouet. Portez à ébullition 1 min puis stoppez le feu et ajoutez la gélatine. Mélangez et versez dans les empreintes en forme de pyramide. Placez au réfrigérateur pour 4 h.

4. Avant de servir, faites fondre le chocolat au bain-marie. Concassez grossièrement les noisettes.

5. Sortez le biscuit du réfrigérateur et coupez 6 carrés à l'emporte-pièce, ou au couteau. Déposez les pyramides dessus. Faites couler un peu de chocolat et décorez de pralin et de noisettes.

BROWNIE POIRES ET CRÈME DE NOIX DE CAJOU

Pour 8 à 10 personnes
30 min de préparation
45 min de cuisson

MATÉRIEL
Moule à manqué
de 25 cm de diamètre
Mandoline
Poche à douille

INGRÉDIENTS : 2 grosses poires • 160 g de chocolat noir • 50 g de crème de noix de cajou • 50 g de beurre doux • 50 g de beurre demi-sel • 160 g de sucre roux • 3 œufs • 120 g de farine • ½ cuil. à café de levure chimique • 1 pincée de sel

1. Préchauffez le four à 160 °C (th. 5-6).

2. Faites fondre le chocolat cassé en morceaux avec le beurre au bain-marie. Hors du feu, ajoutez le sucre et les œufs et remuez bien.

3. Mélangez la farine, la levure et le sel, puis ajoutez le tout au chocolat. Remuez jusqu'à l'obtention d'une pâte bien lisse.

4. Épluchez les poires, enlevez le cœur et coupez-les en fines lamelles à la mandoline. Beurrez et chemisez un moule rond. Versez-y la pâte au chocolat.

5. Versez la crème de noix de cajou dans la poche à douille et déposez-la sur le dessus du gâteau en dessinant une grande spirale. Placez les lamelles de poire et enfournez pour 40 à 45 min.

TARTE LITCHIS, FRAMBOISES ET CHOCOLAT BLANC

Pour 8 à 10 personnes
30 min de préparation
1 h + 2 h de repos
20 min de cuisson

MATÉRIEL
Moule à tarte de 28 cm

INGRÉDIENTS : Pour la pâte : 290 g de farine • 175 g de beurre mou en morceaux • 65 g de sucre glace • 1 œuf **Pour la garniture :** 300 g de chocolat blanc • 1 trentaine de framboises • 1 vingtaine de litchis frais ou en boîte • 100 g de sucre • 75 cl de crème liquide bien froide 35 % de matières grasses

1. Préparez la pâte : travaillez le beurre mou en pommade dans un saladier ou la cuve d'un robot. Ajoutez la farine, le sucre glace et l'œuf. Lorsque la pâte est homogène, formez une boule, filmez-la et laissez-la reposer au réfrigérateur pendant 1 h.

2. Préchauffez le four à 180 °C (th. 6).

3. Sur un plan de travail fariné, abaissez finement la pâte sur environ 5 mm d'épaisseur. Foncez un grand moule préalablement beurré et fariné. Piquez le fond à la fourchette et protégez-le avec un morceau de papier sulfurisé découpé à la taille voulue. Remplissez de haricots secs ou de billes de cuisson pour empêcher la pâte de gonfler. Faites cuire au four pendant 20 min.

4. Préparez la garniture : mélangez le sucre à la moitié des framboises. Faites fondre le chocolat au bain-marie. Ajoutez 15 cl de crème liquide et mélangez bien au fouet.

5. Montez le reste de la crème bien froide en chantilly, puis incorporez-y doucement le chocolat.

6. Remplissez le fond de tarte avec les framboises au sucre, et recouvrez de crème au chocolat blanc, puis réservez au frais pendant au moins 2 h.

7. Décorez de framboises et de litchis coupés en quartiers.

FEUILLETÉ GÉANT AU CAFÉ

Pour 6 personnes
40 min de préparation
1 h de réfrigération
30 min de cuisson

MATÉRIEL
Mixeur
Batteur électrique
Cercle à pâtisserie
de 25 cm de diamètre

INGRÉDIENTS : 1 pâte feuilletée **Pour la panna côté au café :** 6 feuilles de gélatine • 32 cl de lait entier • 3 g de café soluble • 6 g de café moulu • 41 cl de crème liquide • 250 g de chocolat au lait
Pour le crumble : 50 g de sucre en poudre • 50 g de farine • 50 g de poudre d'amandes • 50 g de beurre doux • 1 pincée de sel fin • 5 g de café soluble

1. La veille de la recette, préparez la panna cotta. Trempez la gélatine dans l'eau froide. Versez le lait dans une casserole, puis portez à ébullition. Ajoutez le café soluble et le café moulu, puis laissez refroidir. Portez la crème à ébullition dans une autre casserole. Hors du feu, ajoutez la gélatine essorée. Versez-la sur le chocolat au lait préalablement haché dans un saladier. Mélangez bien. Mélangez ensuite le lait au café avec la crème au chocolat. Mixez et réservez au frais une nuit.

2. Le jour même, préchauffez le four à 160 °C (th. 5-6). Mélangez tous les ingrédients du crumble et émiettez-les bien. Vous devez obtenir comme du gros sable. Réservez.

3. Préchauffez le four à 180 °C (th. 6). Étalez la pâte feuilletée à l'aide d'un rouleau à pâtisserie en un rectangle de 25 cm × 12 cm. Détaillez-le ensuite en bandes de 1 cm de largeur. Déposez la moitié des bandes de pâte à l'intérieur du cercle à pâtisserie. Ajoutez le crumble émietté au centre et répétez l'opération une seconde fois de sorte à obtenir 2 cercles de pâte. Enfournez pour 15 min de cuisson.

4. Fouettez la panna cotta au batteur électrique pour la monter. Transvasez-la dans une poche à douille lisse et garnissez-en l'intérieur d'un premier cercle de crumble. Posez le second cercle par-dessus et servez.

BOULES DE NEIGE

Pour 4 à 6 personnes
30 min de préparation
1 h 30 de cuisson
1 nuit de repos

MATÉRIEL
Mixeur
Moule à charnière
de 16 cm de diamètre

INGRÉDIENTS : Pour la pâte à gâteau : 150 g de sablés bretons • 50 g de beurre doux à température ambiante
Pour le cheesecake : 600 g de cream cheese type Philadelphia® • 120 g de sucre • 2 cuil. à soupe de farine • 15 cl de crème fraîche épaisse • 1 cuil. à soupe de zestes de citron non traité • Le jus de 1 citron • 2 œufs
Pour servir : Raffaello®

1. Préparez la pâte à gâteau. Mettez les sablés bretons dans un mixeur. Réduisez-les en poudre, puis ajoutez le beurre. Découpez un disque de papier sulfurisé et déposez-le au fond du moule. Versez le mélange sablé et tassez-le bien avec le dos d'une cuillère à soupe.

2. Préparez le cheesecake. Préchauffez le four à 90 °C (th. 3), en chaleur tournante. Versez le cream cheese dans un saladier et détendez-le au fouet. Ajoutez le sucre et la farine, mélangez. Versez la crème fraîche, les zestes et le jus de citron. Mélangez pour obtenir une crème homogène. Ajoutez ensuite les œufs un à un en mélangeant bien à chaque fois. Chemisez les bords du moule de papier sulfurisé ou beurrez-le légèrement. Versez la pâte et égalisez le dessus. Enfournez pour 1 h 30, puis laissez refroidir dans le four. Réservez une nuit au frais pour que le cheesecake soit bien ferme.

3. Avant de servir, garnissez le cheesecake d'une montagne de Raffaello®.

CUPCAKE GÉANT

Pour 12 personnes
30 min de préparation
40 min de cuisson
2 h de repos

MATÉRIEL
Moule à charlotte
Batteur électrique

INGRÉDIENTS : Pour le gâteau mousseux au chocolat : 300 g de chocolat noir dessert • 250 g de beurre + 20 g pour le moule • 250 g de sucre + 20 g pour le moule • 8 œufs • 50 g de farine • 100 g de poudre d'amandes
Pour la ganache au chocolat et la déco : 200 g de chocolat noir dessert • 20 cl de crème liquide • 2 cuil. à soupe de billes argentées

1. Préchauffez le four à 180 °C (th. 6). Beurrez et sucrez le moule. Réservez-le au réfrigérateur.

2. Cassez le chocolat en morceaux. Faites fondre le beurre à feu très doux et incorporez le chocolat et le sucre. Laissez refroidir.

3. Cassez les œufs en séparant les blancs des jaunes. Ajoutez et fouettez les jaunes d'œufs un par un, puis ajoutez la farine et les amandes en poudre.

4. Montez les blancs en neige. Incorporez-en d'abord un tiers à la préparation et mélangez bien pour détendre la pâte. Quand le mélange est bien homogène, ajoutez délicatement un autre tiers puis enfin le dernier tiers afin d'obtenir une pâte bien mousseuse.

5. Remplissez le moule et enfournez pour 40 min. Démoulez immédiatement et laissez refroidir. Préparez la ganache : faites fondre le chocolat en morceaux dans la crème liquide.

6. Coupez le haut du gâteau à l'aide d'un bon couteau. Placez le chapeau du cupcake sur une grille à pâtisserie et nappez-le de ganache au chocolat. Replacez le chapeau du cupcake sur sa base. Parsemez de billes argentées.

CHOCO-MERINGUE

Pour 6 personnes
30 min de préparation
30 min de cuisson

MATÉRIEL
Batteur électrique
Chalumea
Thermomètre de cuisson
Poche à douille (facultatif)

INGRÉDIENTS : Pour le gâteau au chocolat : Voir la recette de base p. 14 **Pour la meringue :** 4 blancs d'œufs • 1 pincée de sel • 240 g de sucre • 10 cl d'eau • 100 g de chocolat dessert amande

1. Préparez le gâteau en suivant les instructions page 14.

2. Pour la meringue, battez les blancs d'œufs avec le sel et 40 g de sucre. Réalisez un sirop avec l'eau et 200 g de sucre. Faites chauffer jusqu'à 110 °C (idéalement, utilisez un thermomètre de cuisson). Stoppez la cuisson du sirop en plaçant la casserole dans un saladier d'eau froide. Faites fondre le chocolat blanc amande à feu doux dans une casserole ou au micro-ondes. Versez le sirop de sucre en filet dans les blancs en neige jusqu'à l'obtention d'une belle meringue puis incorporez le chocolat. Versez la meringue dans une poche à douille (ou déposez la meringue sur le gâteau à l'aide d'une cuillère). Couvrez complétement le gâteau.

3. Dorez au chalumeau avant de servir. Si vous n'avez pas de chalumeau, placez quelques instants sous le gril du four.

JARDIN D'HIVER

Pour 4 personnes
40 min de préparation
4 h de repos

MATÉRIEL
Batteur électrique
Sorbetière
Moule rond de 22 cm de diamètre

INGRÉDIENTS : Pour la glace : 500 g de fromage blanc lisse à 40 % • 200 g de sucre • 1 cuil. à soupe de zestes fins de citron non traité • 20 cl de crème fleurette entière froide **Pour les fruits blancs :** 1 poire • 2 pommes granny-smith • 3 petites bananes • 1 barquette de fraises blanches, groseilles blanches et mûres blanches **Pour le montage :** 2 paquets de Finger® au chocolat blanc

1. Préparez la glace. Versez le fromage blanc dans un saladier, puis ajoutez le sucre et les zestes de citron. Fouettez pour que le mélange soit homogène. Montez la crème fleurette bien froide en chantilly. Incorporez la chantilly dans le fromage blanc. Versez dans une sorbetière et laissez turbiner environ 20 min. Versez dans le moule et réservez au frais pendant au moins 4 h.

2. Lavez, épluchez et équeutez les fruits. Coupez-les en morceaux.

3. Démoulez la glace sur un plat de service. Collez les Finger® blancs tout autour en les pressant sur la glace. Ajoutez les fruits blancs.

ROULÉ TIGRÉ

Pour 6 personnes
30 min de préparation
15 min de cuisson
3 h de repos

MATÉRIEL
Tamis
Batteur
Poche à douille
Plaque à pâtisserie

INGRÉDIENTS : Pour la pâte à cigarettes : 30 g de beurre doux • 30 g de sucre glace • 1 blanc d'œuf (35 g) • 25 g de farine • 2 cuil. à soupe de cacao **Pour la ganache pralinée :** 200 g de chocolat dessert praliné • 10 cl de crème fleurette entière **Pour la pâte à gâteau roulé :** 3 œufs • 100 g de sucre semoule fin • 1 pincée de vanille en grains • 100 g de farine • 1 pincée de sel

1. Préparez la pâte à cigarettes : faites fondre le beurre au bain-marie. Hors du feu, ajoutez le sucre glace puis le blanc d'œuf en fouettant bien afin d'obtenir une préparation bien lisse. Tamisez la farine et le cacao. Ajoutez-les à la préparation précédente en mélangeant bien. Versez dans la poche à douille. Garnissez la plaque de papier sulfurisé. Dessinez à l'aide de la douille des traits en zigzag façon rayures de tigre. Réservez au frais pendant 1 h pour que la pâte durcisse.

2. Pour préparer la ganache, cassez le chocolat en petits morceaux dans un saladier. Faites chauffer la crème à petits bouillons. Versez sur le chocolat praliné en mélangeant jusqu'à ce qu'il soit complétement fondu. Laissez refroidir et épaissir.

3. Pendant ce temps, préparez la pâte à gâteau roulé : préchauffez le four à 180 °C (th. 6) ; cassez 2 œufs et séparez les blancs des jaunes. Cassez le dernier œuf dans un saladier, ajoutez les jaunes, le sucre et la vanille puis fouettez en mousse. Incorporez rapidement la farine. Montez les blancs en neige avec le sel. Incorporez-les délicatement à la préparation, sans les casser. Versez, avec précaution, la pâte sur la plaque avec les motifs sans les abîmer. Enfournez 10 min.

4. Démoulez le biscuit en laissant les motifs à l'extérieur et roulez-le dans un torchon propre pour qu'il refroidisse en restant bien souple. Fouettez la ganache pour la détendre. Déroulez délicatement le gâteau refroidi, étalez régulièrement la ganache au praliné sur toute la surface.

5. Roulez le gâteau et réservez 2 h au frais. Coupez les extrémités du roulé et déposez-le sur un plat de service. Servez ou gardez au frais.

ANGEL CAKES À LA CERISE

Pour 6 angel cakes individuels
25 min de préparation
25 min de cuisson

MATÉRIEL
Batteur électrique
6 cercles individuels
Emporte-pièce

INGRÉDIENTS : Pour l'angel cake : 540 g d'huile neutre (pépin de raisin) • 60 g de lait • 90 g de farine • 1 pincée de sel • 1 cuil. à café de levure • 6 blancs d'œufs • 90 g de sucre semoule • 1 pointe de colorant alimentaire rouge **Pour la compotée de cerises :** 300 g de cerises • 30 g de sucre • 1 feuille de gélatine **Pour la chantilly :** 15 cl de crème fleurette • 15 g de sucre glace

1. Préchauffez le four à 160 °C (th. 5-6). Mélangez l'huile et le lait, puis ajoutez la farine, le sel et la levure et mélangez bien. Fouettez les blancs en neige en ajoutant le sucre en trois fois, jusqu'à ce qu'ils soient fermes mais pas trop. Ajoutez alors le colorant et fouettez encore jusqu'à ce qu'il soit bien réparti. Incorporez un quart des blancs montés au mélange précédent en remuant bien, puis ajoutez le reste très délicatement.

2. Versez la pâte dans les cercles déposés sur une plaque recouverte de papier sulfurisé. Enfournez pour 25 min de cuisson.

3. Pendant ce temps, lavez les cerises, dénoyautez-les et coupez-les en deux. Réservez 6 demi-cerises, puis détaillez le reste en petits bouts. Faites-les cuire dans une casserole avec le sucre jusqu'à ce qu'elles compotent. Mettez la feuille de gélatine dans un bol d'eau froide pendant 3 min, essorez-la puis ajoutez-la aux cerises hors du feu. Mélangez bien et réservez.

4. Sortez les gâteaux du four et basculez-les sur le côté pour les faire refroidir. Creusez le milieu des angel cakes à l'aide d'un emporte-pièce et garnissez-les de 1 cuil. à café de compotée de cerises.

5. Montez la crème en chantilly avec le sucre glace. Lorsqu'elle est bien ferme, déposez-en 1 cuillerée sur les angel cakes et décorez d'une demi-cerise.

SAPIN ÉTOILÉ

Pour 12 personnes
40 min de préparation
20 à 24 min de cuisson

MATÉRIEL
Tamis
Emporte-pièce étoile
de tailles différentes

INGRÉDIENTS : Pour la génoise au chocolat : 8 œufs • 200 g de sucre en poudre • 180 g de farine • 50 g de cacao **Pour le glaçage :** 1 kg de crème au beurre (voir p. 23) • 50 g de chocolat noir dessert
Pour le montage : Confiture d'oranges • Poudre de cacao

1. Préchauffez le four à 180 °C (th. 6). Préparez la génoise : cassez les œufs dans un saladier avec le sucre et fouettez jusqu'à ce que le mélange blanchisse et triple de volume. Tamisez la farine et le cacao en poudre puis incorporez rapidement aux œufs en remuant délicatement avec une maryse pour ne pas les faire retomber. Chemisez de papier sulfurisé la plaque et versez la moitié de la pâte. Égalisez et enfournez 10 à 12 min. Laissez refroidir sur une grille. Renouvelez l'opération avec la deuxième moitié de la pâte.

2. Préparez la crème au beurre (voir p. 23).

3. Faites fondre le chocolat noir. Formez un petit cône serré à l'aide de papier sulfurisé et versez-y le chocolat fondu pour faire un cornet (ou utilisez un stylo de décoration du commerce).

4. Montez le gâteau : découpez la génoise avec les emporte-pièce. Glacez les gâteaux avec la crème au beurre. À l'aide du cône rempli de chocolat noir, décorez le dessus du glaçage. Ajoutez une petite cuillerée de confiture d'oranges au centre de chaque étoile et empilez-les en les décalant. Placez la dernière étoile à la verticale et saupoudrez de poudre de cacao.

Kat
break

4

GÂTEAUX DÉCORÉS

CAKE COFFRE AUX TRÉSORS

Pour 6 personnes
50 min de préparation
40 min de cuisson

MATÉRIEL
Moule à cake

INGRÉDIENTS : 1 gâteau au yaourt (voir p. 16) • Glaçage au chocolat (voir p. 22) • 50 g de pâte d'amandes grise • Pièces en or en chocolat • Bonbons

1. Préparez le gâteau au yaourt (voir p. 16), versez-le dans un moule à cake beurré et enfournez pour 40 min à 180 °C (th. 6). Lorsqu'il est cuit, laissez-le totalement refroidir. C'est une étape importante, car s'il est encore tiède, il va mal se découper. Si vous voulez gagner du temps, laissez-le reposer au réfrigérateur pendant 1 h.

2. Déposez le gâteau sur une planche. Coupez le haut du cake à l'aide d'un grand couteau à pain. Réservez le « chapeau ». Avec un couteau plus petit (type couteau à steak) et une cuillère à café, creusez l'intérieur du gâteau. Conservez des bords assez épais pour que le gâteau ne soit pas trop fragile.

3. Remplissez l'intérieur du gâteau de pièces en or en chocolat et de bonbons. Refermez le gâteau avec son « chapeau ».

4. Préparez le glaçage au chocolat (voir p. 22) et nappez-en votre gâteau. Aidez-vous d'une spatule pour le rendre bien lisse. N'oubliez pas de faire une serrure en pâte d'amandes !

VARIANTE

Pour réaliser un coffre aux trésors ouvert, laissez dépasser des pièces en chocolat et des bonbons du coffre au moment de mettre le « chapeau ». Nappez alors le gâteau de glaçage à l'aide d'un pinceau, votre geste sera plus précis.

BATTENBERG CAKE

Pour 8 personnes
40 min de préparation
25 à 30 min de cuisson

MATÉRIEL
Moule carré de 20 cm de côté

INGRÉDIENTS : 175 g de beurre • 175 g de sucre en poudre • 3 œufs • ½ cuil. à café d'extrait de vanille • ¼ de cuil. à café d'extrait d'amande liquide • 175 g de farine • 2 cuil. à café de levure chimique • 65 g de poudre d'amandes • Colorant alimentaire rose • 100 g de gelée de pomme • 300 g de pâte d'amandes (voir p. 20)

1. Préchauffez le four à 180 °C (th. 6). Beurrez et farinez le moule.

2. Pliez plusieurs fois une longue feuille de papier d'aluminium afin de former un rectangle rigide de 20 cm de long à placer au centre du moule.

3. Battez le beurre, le sucre et les œufs dans un bol, puis ajoutez les extraits de vanille et d'amande.

4. Tamisez la farine, la levure et la poudre d'amandes, puis incorporez-les au mélange précédent.

5. Versez la moitié de cette pâte dans l'un des côtés du moule. Incorporez un peu de colorant alimentaire rose au reste de la pâte pour obtenir un rose tendre, mélangez-bien puis versez-la dans l'autre moitié du moule. Lissez les surfaces des pâtes à la spatule. Enfournez pour 25 à 30 min.

6. Taillez chaque côté des gâteaux afin que ceux-ci aient des coupes nettes et régulières. Recoupez ensuite chaque gâteau en deux dans la longueur afin d'obtenir deux bandes de chaque gâteau de mêmes dimensions. Badigeonnez les bandes de gâteau d'une fine couche de gelée de pomme. Formez ensuite le gâteau en déposant une bande de gâteau blanche et une bande de gâteau rose côte à côte. Déposez par-dessus les deux autres bandes de gâteau en inversant les couleurs de manière à obtenir un damier. Pressez légèrement le tout pour que les bandes de pâte adhèrent bien les unes aux autres.

7. Étalez la pâte d'amandes en un rectangle suffisamment grand pour pouvoir recouvrir toute la surface du gâteau. Enveloppez-le de pâte d'amandes en pressant légèrement pour la faire adhérer et coupez les morceaux de pâte d'amandes qui dépassent du gâteau. Décorez en traçant des croisillons à l'aide d'un couteau sur le dessus du gâteau.

CASCADE DE BONBONS

Pour 20 personnes
1 h 30 de préparation
2 h de cuisson

MATÉRIEL
Moule de 20 cm de diamètre
Batteur électrique
Pinceau alimentaire
Pour le support
Tige coudée en plastique

INGRÉDIENTS : Pour les gâteaux au chocolat (à réaliser deux fois avec les quantités suivantes) : 200 g de chocolat noir dessert • 200 g de beurre • 200 g de farine • 1 sachet de levure • 4 œufs • 200 g de sucre

INGRÉDIENTS : Pour le glaçage au chocolat : 100 g de chocolat noir • 60 g de beurre • 75 g de sucre glace tamisé • 5 cl de lait demi-écrémé

INGRÉDIENTS : Pour la crème au beurre au chocolat : 250 g de beurre ramolli • 70 g de cacao en poudre (ou 100 g de chocolat noir en tablette fondu) • 350 à 400 g de sucre glace • 1 cuil. à café d'extrait de vanille • 2 à 3 cuil. à soupe de lait (ou de crème liquide) • Une pincée de sel • **Pour la décoration :** 50 g de chocolat noir fondu • 1 sachet de Maltesers®

1. Préparez les deux gâteaux au chocolat : préchauffez le four à 180 °C (th. 6). Faites fondre le beurre et le chocolat au bain-marie ou au micro-ondes.

2. Tamisez la farine et la levure dans un saladier. Séparez les blancs des jaunes d'œufs.

3. Dans un autre saladier, fouettez les jaunes d'œufs avec le sucre. Versez le chocolat fondu puis le mélange farine-levure.

4. Montez les blancs en neige et ajoutez-les délicatement au reste de la préparation. Versez la préparation dans un moule rond de 20 cm de diamètre, beurré ou chemisé de papier cuisson.

5. Enfournez pour 1 h : surveillez bien la cuisson car, si le gâteau est trop cuit, il sera sec et s'émiettera. Laissez le gâteau refroidir dans le moule et démoulez-le quand vous êtes prêt à le décorer.

6. Renouvelez l'opération pour le deuxième gâteau.

CASCADE DE BONBONS (SUITE)

1. Préparez le glaçage : cassez le chocolat dans un saladier et ajoutez le reste des ingrédients. Faites fondre le tout au bain-marie tout doucement pendant 5 min. Il est important que le chocolat et le beurre fondent en même temps pour éviter que le chocolat ne cristallise et épaississe.

2. Lorsque le chocolat est fondu, retirez du feu et mélangez bien à l'aide d'un fouet jusqu'à obtenir un mélange fluide et homogène. Remuez le glaçage régulièrement pour qu'il refroidisse plus rapidement.

3. Préparez la crème au beurre : dans un saladier, fouettez le beurre à l'aide d'un batteur électrique, d'un robot culinaire muni d'un batteur plat ou tout simplement à l'aide d'une spatule en bois jusqu'à ce qu'il blanchisse et devienne crémeux. Ajoutez le cacao (ou le chocolat fondu) et l'extrait de vanille. Ajoutez le sucre glace peu à peu (une tasse à la fois). Mélangez soigneusement.

4. Incorporez le lait, une cuillerée à la fois. Mélangez à vitesse rapide pendant 2 min jusqu'à obtenir un mélange léger.

5. Pour obtenir une consistance plus ferme, ajoutez du sucre glace, 25 g à la fois. Pour obtenir une consistance plus souple, ajoutez de la crème ou du lait, une cuillerée à la fois jusqu'à obtenir une consistance onctueuse et crémeuse. Conservez la crème au beurre au réfrigérateur si vous ne l'utilisez pas immédiatement.

CASCADE DE BONBONS (SUITE)

6. Le montage et la décoration : coupez les deux gâteaux bien froids dans l'épaisseur à l'aide d'un grand couteau à dents.

7. Garnissez chaque disque (sauf le dernier) de crème au beurre et superposez-les. Pour reconstituer un seul gâteau de 4 épaisseurs. Recouvrez toute la surface de crème au beurre, puis lissez soigneusement.

8. Recouvrez le dessus du gâteau de glaçage, en le laissant s'écouler sur les côtés.

9. Plantez la paille ou la tige au centre du gâteau. Placez des bonbons sur le bord du gâteau pour simuler leur chute, et autour de la tige.

10. Appliquez un peu de chocolat fondu sur la base de la tige coudée puis collez les bonbons un par un autour de la tige. Attendez que ça sèche avant de continuer à progresser vers le haut en ajoutant du chocolat le long de la tige.

11. Remplissez le sachet vide de Maltesers® de papier absorbant plié pour lui donner du volume. Badigeonnez le haut de la tige de chocolat fondu et fixez le sachet au sommet.

CUPCAKES COLORÉS

Pour 15 cupcakes
25 min de préparation
20 min de cuisson
30 min de repos

MATÉRIEL
30 caissettes en papier
Moules à muffins
Poche avec douille cannelée

INGRÉDIENTS : Pour la pâte à cupcakes : 140 g de beurre mou • 120 g de sucre • 2 œufs • 120 g de farine • 1 cuil. à café de levure • 125 g de lait • 1 cuil. à café d'extrait de vanille **Pour le glaçage :** 200 g de cream cheese type Philadelphia® • 100 g de sucre glace • 50 g de mascarpone • 15 g de beurre pommade • 1 cuil. à café d'extrait de vanille • 6 colorants alimentaires en gel • Décorations en sucre colorées

1. Préchauffez le four à 180 °C (th. 6).

2. Fouettez le beurre et le sucre pendant 2 min. Incorporez les œufs un à un en fouettant. Mélangez la farine et la levure d'un côté, et le lait avec l'extrait de vanille de l'autre. Versez la farine en trois fois en alternant avec le lait. Déposez des caissettes doublées dans un moule à muffins, garnissez-les de pâte aux trois quarts et enfournez pour une quinzaine de minutes. Lorsqu'ils sont cuits, sortez-les du four et du moule à muffins et laissez-les refroidir sur une grille.

3. Pendant ce temps, préparez le glaçage. Fouettez ensemble le cream cheese, le sucre glace, le mascarpone, le beurre et l'extrait de vanille et mettez au frais. Divisez-le en six portions égales et colorez chacune d'elles avec un colorant différent.

4. Lorsque les cupcakes sont froids, versez les crèmes dans plusieurs poches à douille cannelée et garnissez joliment les cupcakes. Parsemez de décorations en sucre. Laissez reposer 30 min au frais avant de servir.

LAYER CAKE AUX FRAISES

Pour 16 personnes
45 min de préparation
15 à 20 min de cuisson

MATÉRIEL
Batteur électrique
Poche à douille
Moule de 18 cm de diamètre

INGRÉDIENTS : 500 g de fraises **Pour les gâteaux :** 150 g de beurre mou (à température ambiante) • 250 g de sucre semoule • 4 œufs (à température ambiante) • 20 cl de lait fermenté (à température ambiante) • Quelques gouttes d'extrait de vanille • 250 g de farine • 1 cuil. à café bombée de levure chimique • 6 gouttes de colorant rouge **Pour le glaçage :** 300 g de cream cheese type Philadelphia® bien froid • 250 g de mascarpone bien froid • 20 cl de crème fleurette entière bien froide • 120 g de sucre glace • 500 g de fraises

1. Préparez les gâteaux : préchauffez le four à 175 °C (th. 5-6). Battez en crème le beurre avec le sucre, puis ajoutez les jaunes d'œufs, le lait fermenté et l'extrait de vanille. Mélangez, puis ajoutez la farine mélangée à la levure chimique. Ne travaillez pas trop la pâte et divisez-la en 3 portions égales.

2. Ajoutez 2 gouttes de colorant dans une portion et 4 gouttes de colorant dans une autre. Montez les blancs en neige, répartissez-les dans les portions de pâte et incorporez-les délicatement. Versez chaque portion dans un moule circulaire d'environ 18 cm de diamètre et faites cuire pendant 15 à 20 min. Réduisez la température si les gâteaux colorent trop. Laissez refroidir sur une grille.

3. Préparez le glaçage : fouettez ensemble le cream cheese et le mascarpone. Quand ils sont bien détendus, ajoutez la crème et continuez de fouetter. Le mélange doit épaissir. Incorporez alors le sucre glace à la spatule. Réservez au froid.

4. Montez le layer cake : vérifiez que les gâteaux sont froids. Détaillez les fraises en tranches et déposez-les sur du papier absorbant. Retaillez au besoin les gâteaux afin que la surface soit plane et pas trop colorée. Déposez le gâteau le plus rose sur une assiette de présentation, répartissez dessus une couche de glaçage de 5 à 8 mm d'épaisseur, puis des tranches de fraises. Recouvrez-les du gâteau rose clair et garnissez-le de façon identique. Posez alors le gâteau non coloré et déposez une fine couche de glaçage sur tout le gâteau monté, puis décorez-le à l'aide d'une poche à douille. Réservez au froid.

GRAVITY MUFFINS

Pour 8 muffins
1 h de préparation
20 min de cuisson

MATÉRIEL
8 moules à muffins
Pinceau alimentaire

INGRÉDIENTS : Pour les muffins : 210 g de farine • 150 g de sucre • 2 cuil. à café de levure • 60 g de beurre • 25 cl de lait • 3 œufs • Parfum au choix (extrait de vanille, zestes d'agrumes...) **Pour la décoration :** Petites boîtes de Smarties® ou autres petites boîtes unies ou décorées • 80 g de chocolat blanc fondu • 8 Mikado® au chocolat blanc

1. Préparez les muffins. Beurrez les moules à muffins (sauf s'ils sont en silicone). Préchauffez le four à 180 °C (th. 6).

2. Dans un bol, mélangez les ingrédients secs (farine, sucre et levure).

3. Faites fondre le beurre dans un saladier. Ajoutez le lait et les œufs dans le saladier. Mélangez bien. Ajoutez progressivement le mélange sec. Mélangez au fouet et ajoutez le parfum au choix.

4. Remplissez les moules beurrés aux trois quarts et enfournez pour 20 min. Laissez refroidir avant de décorer.

5. Le montage et la décoration : plantez 1 Mikado® au centre de chaque muffin.

6. Appliquez un peu de chocolat fondu autour de la base du Mikado® à l'aide d'un pinceau. Collez les bonbons un par un avec le chocolat fondu et attendez un peu que chacun sèche avant de continuer le montage pour que celui-ci ne s'écroule pas.

7. Une fois arrivé en haut du Mikado®, laissez bien sécher. Fixez une boîte vide au sommet de chaque Mikado® à l'aide d'un peu de chocolat fondu.

CUPCAKES DÉCORÉS

Pour 8 cupcakes
20 min de préparation
20 min de cuisson

MATÉRIEL
Fouet
Poche à douille
8 moules à muffins

INGRÉDIENTS : Pour la crème au beurre : 250 g de beurre mou • 350 à 400 g de sucre glace • 1 cuil. à café d'extrait de vanille • 1 pincée de sel • 2 à 3 cuil. à soupe de lait ou de crème liquide • Colorant alimentaire (facultatif) **Pour les muffins :** 210 g de farine • 150 g de sucre • 2 cuil. à café de levure • 60 g de beurre • 25 cl de lait • 3 œufs • Parfum au choix

1. Réalisez les muffins comme indiqué p. 132 et la crème au beurre comme indiqué p. 23. Versez une partie de la crème au beurre dans la poche à douille.

2. Décorez à la spatule. Déposez un peu de crème au beurre au centre du muffin à l'aide de la spatule. Pour étaler la crème au beurre, tenez le muffin pour bien le napper entièrement.

3. Décorez à la poche à douille. Positionnez la douille à 45° sur l'extérieur du gâteau et faites une spirale en exerçant une pression ferme et continue, et tournez jusqu'au centre. Vous pouvez aussi recouvrir toute la surface du muffin de petites noisettes de crème au beurre.

4. Vos cupcakes sont prêts à servir ou à être décorés avec des billes de sucre, des vermicelles, etc.

REINE DE SABA

Pour 10 à 12 personnes
30 min de préparation
25 min de cuisson

MATÉRIEL
Moule à manqué
Batteur

INGRÉDIENTS : Pour le gâteau : 125 g de chocolat noir • 125 g de beurre • 125 g de sucre en poudre • 70 g d'amandes grillées en poudre • 3 cuil. à soupe de farine • 3 œufs • 1 pincée de sel • 1 cuil. à soupe de beurre pour le moule **Pour le nappage au chocolat noir :** 100 g de chocolat noir dessert • 50 g de beurre • **Pour la finition :** 5 KitKat® • 2 tubes de Smarties®

1. Préparez d'abord le gâteau : préchauffez le four à 180 °C (th. 6) puis faites fondre le chocolat et le beurre en morceaux au bain-marie. Mélangez bien. Hors du feu, ajoutez le sucre en poudre, la poudre d'amandes et la farine. Cassez les œufs et séparez les blancs des jaunes. Ajoutez les jaunes dans la préparation en mélangeant. Montez les blancs en neige ferme avec le sel. Incorporez délicatement les blancs en neige. Beurrez le moule et versez la préparation dedans. Enfournez pour 25 min puis laissez refroidir et démoulez sur une grille.

2. Pendant ce temps, préparez le nappage : faites fondre le chocolat et le beurre en morceaux au bain-marie. Laissez refroidir légèrement puis versez sur le dessus et les bords du gâteau en lissant à la spatule.

3. Montez la reine de Saba : déposez le gâteau sur un plat de service. Décorez le dessus avec les Smarties® en les déposant les uns à côté des autres. Coupez les barres de KitKat® en deux et collez-les tout autour du gâteau.

break

TARTE AUX FRAISES COMME UN FRAISIER

Pour 10 personnes
20 min de préparation

INGRÉDIENTS : 500 g de fraises • pâte sablée (x 2) • 35 cl de crème mousseline (voir p. 30) • 1 rouleau de pâte d'amandes (voir p. 18)

1. Retirez le pédoncule des fraises et coupez-les en deux.

2. Disposez un disque de pâte sablée cuite de 12 cm de diamètre dans un cadre à entremets de même diamètre. Déposez les fraises en cercle sur le sablé en appliquant la partie coupée des fraises contre les bords du cadre.

3. Ajoutez une fine couche de crème mousseline sur le sablé, plus épaisse sur les bords de façon à bien maintenir les fraises. Répartissez des fraises au centre du cadre sur la fine couche de crème, puis recouvrez toutes les fraises de crème et lissez la surface.

4. Étalez la pâte d'amandes et découpez-la en un disque de même diamètre que le cadre. Déposez-la sur la crème. Décorez éventuellement et réservez au frais.

BOUQUET DE ROSES

Pour 16 personnes
1 h de préparation

MATÉRIEL
Spatule métallique
Poche à douille du type 1M
Moule rond de 20 cm de diamètre
Tamis

INGRÉDIENTS : Pour la crème au beurre : 500 g de beurre mou • 700 g de sucre glace • 2 cuil. à café d'extrait de vanille • 2 pincées de sel • 5 cuil. à soupe de lait ou de crème liquide • Colorant alimentaire rose (ou autre, au choix) **Pour la base :** 2 chiffon cakes de 20 cm de diamètre (voir p. 15)

1. Préparez la crème au beurre comme indiqué p. 23. Divisez-la en trois parts égales et colorez-la de façon à obtenir un dégradé de la couleur choisie.

2. Superposez les gâteaux. Recouvrez-les avec la crème au beurre la plus claire. Ne vous inquiétez pas si la couverture n'est pas parfaite, le gâteau sera recouvert par la décoration.

3. Mettez la crème dans la poche munie de la douille 1M. Ne remplissez pas la poche en entier afin de la tenir plus aisément. Commencez à vous entraîner sur une feuille de papier sulfurisé sur laquelle vous aurez tracé la forme voulue. L'idée est de former une lettre e : commencez au centre, tirez vers le haut, puis enroulez. Arrêtez la pression mais continuez le mouvement vers le haut. Essayez plusieurs fois jusqu'à ce que vous vous sentiez à l'aise.

4. Commencez par décorer le bas du gâteau. Espacez les fleurs pour ne pas les abîmer en formant les autres. Pour le deuxième niveau, un ton plus clair, commencez entre deux fleurs. N'oubliez pas d'espacer vos fleurs.

5. Répétez l'étape pour le troisième niveau et laissez les fleurs un peu dépasser sur le bord. Décorez enfin le dessus du gâteau en commençant par l'extérieur et en terminant par le centre.

BÛCHE NUAGEUSE

Pour 10 personnes
45 min de préparation
20 min de cuisson

MATÉRIEL
8 cure-dents

INGRÉDIENTS : Pour le gâteau : 210 g de farine • 185 g de sucre • 1 sachet de levure • 2 g de sel • 6 œufs • 14 cl de jus (d'orange, citron, fruit rouge ou ananas) • 14 cl d'huile • Colorant alimentaire rose

INGRÉDIENTS : Pour la crème au beurre : 125 g de beurre ramolli • 200 g de sucre glace • 1 cuil. à café d'extrait de vanille • 2 à 3 cuil. à soupe de lait ou de crème liquide

INGRÉDIENTS : Pour les noisettes au caramel : 200 g de sucre • 10 cl d'eau • 1 pincée de sel • 8 noisettes

INGRÉDIENTS : Pour la décoration : Barbe à papa • Quelques éclats de pistache

1. Préparez le gâteau. Chemisez une plaque de cuisson de papier sulfurisé. Préchauffez le four à 180 °C (th. 6).

2. Tamisez et mélangez la farine, le sucre, le sel et la levure. Séparez les blancs des jaunes d'œufs.

3. Dans un saladier, fouettez les jaunes d'œufs avec le jus de votre choix et l'huile.

4. Ajoutez les ingrédients secs dans le saladier. Mélangez bien avec un fouet ou un batteur électrique pendant 2 à 3 min.

5. Montez les blancs d'œufs en neige très ferme et incorporez-les délicatement au reste de la préparation avec le colorant alimentaire.

6. Versez dans la plaque de four sur environ 1 cm d'épaisseur. Enfournez 20 min.

7. Démoulez et retournez le biscuit sur un torchon. Enroulez-le dans le torchon dans le sens de la longueur et laissez refroidir.

BÛCHE NUAGEUSE
(SUITE)

8. Préparez la crème au beurre. Dans un saladier, fouettez le beurre à l'aide d'un batteur électrique, d'un robot culinaire muni d'un batteur plat ou tout simplement à l'aide d'une spatule en bois jusqu'à ce qu'il blanchisse et devienne crémeux. Ajoutez l'extrait de vanille. Ajoutez le sucre glace peu à peu (une tasse à la fois). Mélangez soigneusement.

9. Incorporez le lait, une cuillerée à la fois. Mélangez à vitesse rapide pendant 2 min jusqu'à obtenir un mélange léger.

10. Pour obtenir une consistance plus ferme, ajoutez du sucre glace, 25 g à la fois. Pour obtenir une consistance plus souple, ajoutez de la crème ou du lait, une cuillerée à la fois jusqu'à obtenir une consistance crémeuse et onctueuse.

11. Déroulez le gâteau et badigeonnez-le de crème au beurre. Roulez-le à nouveau et placez-le au frais.

12. Préparez les noisettes au caramel. Enfoncez 1 cure-dent dans chaque noisette (sur le côté, pas à la base).

13. Versez l'eau, le sucre et la pincée de sel dans une petite casserole sur feu moyen. Surtout évitez de mélanger à la cuillère en bois, les ingrédients se mélangeront quand ils parviendront à ébullition. Cependant, vous devrez être attentif et rester près de la casserole car le caramel brûle assez rapidement.

BÛCHE NUAGEUSE
(SUITE)

14. Laissez l'eau et le sucre mijoter jusqu'à ce qu'ils commencent à prendre une couleur caramel. Secouez ou agitez la casserole de temps en temps pour mélanger et avoir une indication sur la couleur atteinte. Quand le caramel commence à prendre une couleur ambrée, éteignez le feu et placez la casserole sur un support.

15. Placez la planche à découper sur le plan de travail et du papier sulfurisé sur le sol de votre cuisine.

16. Trempez les noisettes une à une dans le caramel. Tournez ensuite les cure-dents de sorte que la pointe de la noisette soit vers le bas, puis coincez les cure-dents entre le plan de travail et la planche à découper. L'excès de caramel va couler vers le sol protégé par le papier sulfurisé. Laissez durcir quelques minutes.

17. Pour le montage et la décoration, placez les noisettes au caramel de chaque côté de la bûche, les pointes dirigées vers le haut, en enfonçant les cure-dents dans le gâteau. Parsemez la bûche d'éclats de pistache.

18. Placez délicatement la barbe à papa sur les pointes de caramel et servez aussitôt.

CHOCO-FRAISIER

Pour 16 personnes
30 min de préparation
1 h de repos

MATÉRIEL
Poche à douille
Moule à manqué de 20 cm de diamètre
Tamis
Batteur électrique

INGRÉDIENTS : Pour les fruits enrobés : 100 g de chocolat noir • 100 g de chocolat blanc • 250 g de fraises
Pour la base : 2 gâteaux au chocolat de 20 cm de diamètre (voir p. 14) • Crème au beurre (voir p. 23)

1. Réalisez les deux gâteaux au chocolat (voir p. 14) et la crème au beurre (voir p. 23). Lorsqu'ils sont froids, coupez-les dans l'épaisseur. Recouvrez trois des couches de crème au beurre, puis superposez-les. Lavez les fraises et essuyez-les délicatement avec du papier absorbant.

2. Faites fondre le chocolat noir au bain-marie. En les tenant par les feuilles, trempez les fraises en les tournant dans le chocolat noir fondu. Déposez-les sur un papier sulfurisé et laissez-les refroidir.

3. Faites fondre le chocolat blanc au bain-marie. Mettez-le dans une poche à douille ou tout simplement dans un sachet de congélation. Coupez un petit coin du sachet et déposez le chocolat blanc sur les fraises en formant des filaments. Laissez reposer 1 h à température ambiante puis décollez les fraises du papier sulfurisé.

4. Recouvrez le dessus du gâteau de crème au beurre, puis lissez-la soigneusement. Déposez les fraises tout autour.

GÂTEAU MERINGUÉ

Pour 20 personnes
20 min de préparation
2 h de cuisson

MATÉRIEL
Batteur électrique
Poche à douille
Tamis
Moule rond de 20 cm de diamètre

INGRÉDIENTS : Pour les meringues : 150 g de blancs d'œufs • 150 g de sucre semoule • 150 g de sucre glace • Quelques gouttes d'extrait de vanille ou de jus de citron • Colorant alimentaire vert
Pour la base : 2 chiffon cakes de 20 cm de diamètre (voir p. 15) • Crème au beurre teintée en vert (voir p. 23)

1. Préparez les gâteaux comme indiqué page 15. Superposez-les et recouvrez-les de crème au beurre.

2. Préchauffez le four à 80 °C (th. 2-3). Versez les blancs d'œufs, un tiers du sucre et les gouttes de vanille ou de citron dans le bol du batteur. Fouettez à puissance moyenne.

3. Dès que les blancs sont montés, ajoutez le reste du sucre en pluie et fouettez 1 min. Ajoutez le sucre glace et fouettez. La meringue doit être lisse et prendre forme. Lorsque la meringue est suffisamment brillante et a la forme d'un bec d'oiseau, elle est prête.

4. Répartissez la meringue dans quatre bols. Laissez le premier bol nature, puis ajoutez des gouttes de colorant alimentaire vert dans les trois autres (de façon à réaliser un dégradé de vert).

5. Versez le contenu du premier bol dans une poche à douille et dressez les meringues sur une plaque de cuisson recouverte de papier sulfurisé en leur donnant la forme souhaitée. Renouvelez l'opération avec les trois autres couleurs. Faites cuire 2 h. Les meringues sont cuites lorsqu'elles se décollent facilement. Sortez-les du four et laissez refroidir.

6. Recouvrez tout le pourtour et le dessus du gâteau en alignant les meringues par couleur. Si la crème au beurre est trop sèche et ne permet pas aux meringues de rester bien en place, ajoutez en une nouvelle fine couche sur tout le gâteau.

COUSSIN DE VELOURS

Pour 4 personnes
40 min de préparation
30 min de cuisson

MATÉRIEL
Batteur électrique

INGRÉDIENTS : Pour la génoise à l'orange : 3 œufs • 150 g de sucre • 1 orange non traitée (zeste et jus) • 120 g de beurre doux fondu • 150 g de farine • ½ sachet de levure chimique • 1 pincée de sel
Montage du gâteau : 250 g de mascarpone • 6 cuil. à soupe de marmelade d'oranges au whisky • 1 pot de pâte à tartiner au chocolat blanc • 1 sachet de pâte à sucre blanche (voir p. 18 pour de la pâte à sucre maison) • Sucre glace • 1 pot de billes ou de perles blanches

1. Préparez la génoise à l'orange. Préchauffez le four à 180 °C (th. 6). Séparez les blancs des jaunes d'œufs. Versez les jaunes et le sucre dans un saladier et fouettez afin d'obtenir un mélange mousseux et blanc. Zestez l'orange et pressez le jus. Ajoutez les zestes et le jus de l'orange dans le mélange jaunes-sucre puis ajoutez le beurre. Fouettez pour obtenir une crème. Ajoutez la farine et la levure. Mélangez bien. Montez les blancs en neige ferme avec une pincée de sel. Incorporez les blancs au mélange. Beurrez le moule et versez-y la pâte. Enfournez pour 30 min de cuisson environ. Démoulez et laissez refroidir sur une grille.

2. Coupez le gâteau en deux dans l'épaisseur. Versez le mascarpone dans un bol et fouettez-le pour l'aérer. Ajoutez la marmelade d'oranges. Mélangez. Tartinez la partie inférieure du gâteau de crème mascarpone à l'orange. Couvrez avec l'autre moitié de gâteau. Étalez la pâte à tartiner au chocolat blanc sur tout le gâteau afin que la pâte à sucre adhère bien.

3. Saupoudrez le plan de travail de sucre glace. Étalez la pâte à sucre au rouleau à pâtisserie. Réalisez un grand disque de façon à pouvoir couvrir toute la surface du gâteau ainsi que les bords. Déposez la pâte à sucre sur le gâteau. Lissez le dessus avec la paume de la main en descendant sur les bords. Coupez la pâte à sucre en trop avec un couteau le long du gâteau. Faites un quadrillage sur le gâteau à l'aide d'un couteau puis enfoncez les perles de sucre à intervalle régulier afin de former des losanges.

FROU-FROU

Pour 16 personnes
1 h 30 de préparation
3 h 30 de cuisson

MATÉRIEL
Pinceau
Tamis
Moule à cake ou rond ou carré
Papier sulfurisé

INGRÉDIENTS : Pour le drapé : 150 g de pâte à sucre orange pâle (voir p. 18) • 150 g de pâte à sucre orange (voir p. 18) • 200 g de pâte à sucre orange foncé (voir p. 18) • 200 g de pâte à sucre orange très foncé (voir p. 18) • Sucre glace **Pour la base :** 2 chiffon cakes de 15 cm de diamètre (voir p. 15), superposés et recouverts de pâte à sucre orange pâle (voir p. 19) • 2 chiffon cakes de 10 cm de diamètre (voir p. 15), superposés et recouverts de pâte à sucre orange pâle (voir p. 19)

1. Préparez les deux gâteaux comme indiqué p. 15, recouvrez-les de pâte à sucre (voir p. 19) et superposez-les.

2. Préparez les pâtes à sucre et travaillez-les bien.

3. Étalez la pâte à sucre la plus claire et découpez des bandes de 2 × 15 cm. Retaillez-les pour leur donner un côté arrondi.

4. Humidifiez la moitié de la longueur de la première bande à l'aide d'un pinceau et collez-la sur le haut du plus petit gâteau. Laissez-la dépasser de 1 cm. Placez les bandes suivantes en les superposant au niveau des pointes non collées, jusqu'à la moitié du gâteau. Continuez ensuite avec la pâte à sucre d'une teinte plus foncée.

5. Recouvrez de la même façon le plus gros gâteau, avec les deux teintes les plus foncées. Écartez ensuite légèrement le haut des bandes avec un doigt ou à l'aide d'un cure-dents pour donner un peu d'effet de drapage.

GRAVITY CAKE CASCADE DE SMARTIES®

Pour 20 personnes
1 h 30 de préparation
2 h de cuisson

MATÉRIEL
Moule de 20 cm de diamètre
Batteur électrique
Pinceau alimentaire
Tige coudée en plastique ou paille

INGRÉDIENTS : Pour les gâteaux (à réaliser deux fois avec les quantités suivantes) : 1 yaourt • 3 œufs • 50 g de sucre • 6 cl. d'huile neutre • 160 g de farine • ½ sachet de levure **Pour le glaçage au chocolat :** 100 g de chocolat noir dessert • 60 g de beurre • 75 g de sucre glace tamisé • 5 cl de lait demi-écrémé

INGRÉDIENTS : Pour la crème au beurre au chocolat caramel : 500 g de beurre ramolli • 200 g de chocolat caramel fondu • 700 g de sucre glace • 5 cuil. à soupe de lait (ou de crème liquide) • 1 pincée de sel

INGRÉDIENTS : Pour la décoration : 50 g de chocolat noir fondu • 1 tube de Smarties®

SMARTIES

GRAVITY CAKE CASCADE DE SMARTIES®

(SUITE)

1. Préparez les deux gâteaux au yaourt en suivant la recette de la page 16. Laissez les gâteaux refroidir.

2. Préparez le glaçage. Cassez le chocolat dans un saladier et ajoutez le reste des ingrédients. Faites fondre le tout au bain-marie tout doucement pendant 5 min. Il est important que le chocolat et le beurre fondent en même temps pour éviter que le chocolat ne cristallise et épaississe. Lorsque le chocolat est fondu, retirez du feu et mélangez bien à l'aide d'un fouet jusqu'à obtenir un mélange fluide et homogène. Remuez le glaçage régulièrement pour qu'il refroidisse plus rapidement.

3. Préparez la crème au beurre. Dans un saladier, fouettez le beurre à l'aide d'un batteur électrique jusqu'à ce qu'il blanchisse et devienne crémeux. Ajoutez le chocolat fondu. Ajoutez le sucre glace peu à peu (une tasse à la fois). Mélangez soigneusement. Incorporez le lait, une cuillerée à la fois. Mélangez à vitesse rapide pendant 2 min jusqu'à obtenir un mélange léger. Conservez la crème au beurre au réfrigérateur si vous ne l'utilisez pas immédiatement.

GRAVITY CAKE CASCADE DE SMARTIES®

(SUITE)

4. Coupez les deux gâteaux bien froids dans l'épaisseur à l'aide d'un grand couteau à dents. Garnissez chaque disque (sauf le dernier) de crème au beurre et superposez-les pour reconstituer un seul gâteau de 4 épaisseurs. Recouvrez toute la surface de crème au beurre, puis lissez soigneusement. Recouvrez le dessus du gâteau de glaçage, en le laissant s'écouler sur les côtés.

5. Plantez la paille ou la tige au centre du gâteau. Placez des bonbons Smarties® sur le bord du gâteau pour simuler leur chute, et autour de la tige. Appliquez un peu de chocolat fondu sur la base de la tige coudée puis collez les bonbons un par un autour de la tige. Attendez que ça sèche avant de continuer à progresser vers le haut en ajoutant du chocolat le long de la tige. Badigeonnez le haut de la tige de chocolat fondu et fixez le tube vide de Smarties® au sommet.

PÉTALES DE CHOCOLAT

Pour 6 à 8 personnes
40 min de préparation
1 h de cuisson
1 h de repos

MATÉRIEL
Moule à manqué
Poche à douille

INGRÉDIENTS : Pour la génoise : Voir la recette p. 17 **Pour la ganache au chocolat noir :** 200 g de chocolat noir • 20 cl de crème fleurette entière **Pour la ganache au chocolat au lait :** 200 g de chocolat au lait • 20 cl de crème fleurette entière **Pour la ganache au chocolat blanc :** 200 g de chocolat blanc • 20 cl de crème fleurette entière

1. Préchauffez le four à 180 °C (th. 6). Réalisez 2 génoises de 20 cm de diamètre comme indiquée p. 17. Démoulez et laissez refroidir sur une grille.

2. Hachez le chocolat noir. Faites bouillir la crème et versez-la dessus. Fouettez jusqu'à ce que le chocolat soit bien fondu et la ganache lisse et onctueuse. La ganache doit être assez épaisse afin de pouvoir former les pétales facilement. Procédez de même pour les deux autres chocolats. Laissez refroidir à température ambiante.

3. Versez dans des poches à douille. Déposez des boules de ganache au chocolat noir de façon verticale sur le côté du gâteau, à l'aide de la poche à douille. Avec le dos d'une petite cuillère, pressez et tirez pour étaler le glaçage. Ajoutez une ligne verticale de ganache au chocolat au lait, puis une ligne de ganache au chocolat blanc. Faites ainsi de suite tout autour du gâteau puis terminez et couvrez le dessus du gâteau.

NIMBUS DE BARBE À PAPA

Pour 4 personnes
20 min de préparation
20 min de cuisson
1 h de repos

MATÉRIEL
Batteur électrique

INGRÉDIENTS : Pour le cupcake : 250 g de chocolat blanc • 120 g de beurre doux + 1 cuil. à café pour le moule • 5 œufs • 20 g de sucre • 1 cuil. à soupe de zestes de citron non traité • 1 pincée de sel • 90 g de farine
Pour la décoration : 250 g de cream cheese type Philadelphia® • 1 cuil. à soupe de jus de citron • 1 cuil. à soupe de sucre glace • 1 pot de barbe à papa blanche

1. Préchauffez le four à 180 °C (th. 6). Faites fondre le chocolat et le beurre au bain-marie. Cassez les œufs dans un saladier. Ajoutez le sucre et faites blanchir au batteur électrique. Ajoutez les zestes de citron et le sel. Battez à nouveau. Incorporez le mélange chocolat-beurre, puis la farine, petit à petit.

2. Beurrez un moule de 20 cm de diamètre et versez-y la pâte. Enfournez pour 20 min de cuisson environ. Démoulez et laissez refroidir sur une grille pendant 1 h.

3. Fouettez le cream cheese avec le jus de citron et le sucre glace. Étalez le glaçage sur le gâteau et ajoutez la barbe à papa. Servez ou réservez au frais.

CHERRY BLOSSOM

Pour 16 personnes
1 h 30 de préparation
1 nuit de repos

MATÉRIEL
Emporte-pièce en forme de petite fleur
Moule à fleurs en silicone
Pinceau
Tamis
Fouet ou robot
Moule rond de 20 cm de diamètre

INGRÉDIENTS : Pour les branches et fleurs : 75 g de pâte à sucre colorée en rose pâle (voir p. 18) • 75 g de pâte à sucre colorée en rose foncé (voir p. 18) • 100 g de pâte à sucre marron (voir p. 18) • Colorant métallique rose • Billes de sucre argentées **Pour la base :** 1 chiffon cake de 20 cm de diamètre (voir p. 15) recouvert de pâte à sucre blanche (voir p. 19) • 1 chiffon cake de 15 cm de diamètre (voir p. 19) recouvert de pâte à sucre blanche (voir p. 19)

1. La veille, préparez les deux gâteaux comme indiqué p. 15, recouvrez-les de pâte à sucre blanche (voir p. 19), puis superposez-les.

2. Commencez par faire des fleurs cherry blossom. Travaillez et étalez les pâtes à sucre roses. Coupez des fleurs à l'aide de l'emporte-pièce. Courbez les fleurs à l'aide d'un moule en silicone. Si vous ne possédez pas de moule en silicone, placez les fleurs coupées dans le plateau à œufs (de façon à ce qu'elles ne se touchent pas). Laissez sécher au moins une nuit pour prendre la forme courbe.

3. Le lendemain, réalisez des boudins de pâte à sucre marron et façonnez-les de façon à figurer les branches.

4. Humidifiez le gâteau à l'aide d'un pinceau à l'endroit où vous souhaitez mettre les branches. Posez ensuite la pâte à sucre en faisant monter les branches tout le long du gâteau.

5. Colorez le centre des fleurs claires en rose foncé avec un colorant alimentaire en poudre à l'aide d'un pinceau. Ajoutez des billes de sucre argentées après avoir très légèrement humidifié le centre de la fleur.

6. Humidifiez légèrement le verso des fleurs et parsemez-les tout le long des branches, en alternant les couleurs.

ARLEQUIN

Pour 16 personnes
2 h de préparation

MATÉRIEL
Emporte-pièce rond
Pinceau
Fouet ou robot
Moule rond de 20 cm de diamètre

INGRÉDIENTS : Pour les écailles : 100 g de pâte d'amandes noire (voir p. 20) • 100 g de pâte d'amandes jaune (voir p. 20) • 100 g de pâte d'amandes bleue (voir p. 20) • 100 g de pâte d'amandes rouge (voir p. 20) • 100 g de pâte d'amandes verte (voir p. 20) • 100 g de pâte d'amandes rose (voir p. 20) • Eau **Pour la base :** 2 chiffon cakes de 20 cm de diamètre (voir p. 15) superposés et recouverts de pâte d'amandes bleue (voir p. 19) • 1 chiffon cake de 15 cm de diamètre (voir p.15) recouvert de pâte d'amandes jaune (voir p. 19)

1. Préparez les trois gâteaux comme indiqué p. 15, recouvrez-les de pâtes d'amandes (voir la même technique pour recouvrir de pâte à sucre, p. 19), puis superposez-les. Déposez-les sur le plat de service.

2. Travaillez les pâtes d'amandes pour les assouplir un peu. Étalez les pâtes d'amandes sur du papier sulfurisé. Coupez-les en ronds de 2 cm de diamètre à l'aide de l'emporte-pièce.

3. Avec de l'eau et à l'aide d'un pinceau, collez les premières écailles coupées en commençant par la base de gâteau. Laissez dépasser la moitié des écailles sur le plat de service.

4. Superposez les moitiés des ronds suivants sur les premiers en alternant bien les couleurs. Recouvrez de cette façon tout le pourtour de l'étage inférieur du gâteau. Répétez l'étape pour le deuxième étage de gâteau.

5. Pour terminer, coupez trois ronds de trois tailles différentes dans les pâtes d'amandes rose, rouge et jaune. Superposez les trois ronds en les collant avec un peu d'eau. Fixez-les au sommet du gâteau.

FLOCONS PÂTISSIERS

Pour 6 personnes
1 h 10 de préparation
30 min de cuisson
1 h de repos

MATÉRIEL
Emporte-pièce flocon de neige
Moule à manqué de 24 cm de diamètre

INGRÉDIENTS : Pour la génoise : 125 g de farine + un peu pour le moule • ½ sachet de levure chimique • 4 œufs • 125 g de sucre • 1 noix de beurre doux pour le moule **Pour la crème pâtissière au yuzu :** 40 cl de lait frais demi-écrémé • 10 cl de crème fleurette entière froide • 6 jaunes d'œufs • 120 g de sucre • 50 g de Maïzena • 2 cuil. à soupe de jus de yuzu • 50 g de beurre doux **Pour le montage du gâteau :** 1 pot de marmelade de yuzus (magasins asiatiques) • 1 paquet de pâte à sucre blanche • Colle pour pâte à sucre ou glucose • Sucre glace

1. Préparez la génoise. Préchauffez le four à 180 °C (th. 6). Tamisez la farine et la levure dans un bol. Séparez les blancs des jaunes d'œufs. Montez les blancs en neige ferme. Ajoutez le sucre pour d'obtenir des blancs fermes. Versez les jaunes tout en battant, puis la farine et la levure. Beurrez et farinez le moule, puis versez-y la pâte. Enfournez 20 min, puis démoulez et laissez refroidir sur une grille.

2. Préparez la crème pâtissière au yuzu. Versez le lait et la crème fleurette dans une casserole. Portez à ébullition. Mettez les jaunes d'œufs dans un saladier, ajoutez le sucre, la Maïzena et fouettez jusqu'à obtenir une crème blanche. Ajoutez le jus de yuzu. Versez le lait bouillant en filet sur la préparation tout en fouettant. Reversez la préparation dans la casserole et faites cuire en fouettant jusqu'à ce que la crème épaississe. Stoppez la cuisson et ajoutez le beurre en morceaux. Fouettez bien : la crème doit être lisse. Filmez la crème et laissez refroidir au frais.

3. Montez le gâteau. Coupez la génoise en deux dans l'épaisseur et garnissez-la d'une belle couche de crème pâtissière au yuzu. Badigeonnez le dessus et les bords du gâteau de marmelade de yuzus pour que la pâte à sucre tienne bien.

4. Saupoudrez le plan de travail de sucre glace. Étalez au rouleau un grand cercle de pâte à sucre. Il va devoir recouvrir le gâteau et les bords. Déposez le rond de pâte à sucre sur le gâteau et lissez avec la paume de la main, du dessus du gâteau vers les bords. Recoupez l'excédent de pâte à sucre tout autour du gâteau avec un couteau. Avec des emporte-pièce, découpez des flocons de neige en pâte à sucre. Collez les flocons sur le gâteau avec la colle. Laissez reposer 1 h au frais avant de déguster.

TOUT CHOCO

Pour 8 personnes
1 h 15 de préparation
40 min de cuisson

MATÉRIEL
Batteur électrique
Moule à manqué de 24 cm de diamètre

INGRÉDIENTS : Pour le gâteau au chocolat : 200 g de chocolat noir • 200 g de beurre • 200 g de farine • 1 sachet de levure (11 g) • 4 œufs • 200 g de sucre **Pour la garniture :** crème au beurre (voir p. 23)
Pour le glaçage : Voir la recette de base p. 22 **Pour les copeaux :** 200 g de chocolat noir • 200 g de chocolat blanc

---

1. Préchauffez le four à 180 °C (th. 6). Faites fondre le beurre et le chocolat au bain-marie. Tamisez la farine et la levure. Séparez les blancs des jaunes d'œufs. Dans un saladier, fouettez les jaunes d'œufs avec le sucre. Ajoutez le chocolat fondu puis la farine. Montez les blancs en neige et ajoutez-les délicatement au reste de la préparation. Versez la préparation dans un moule beurré ou chemisé de papier sulfurisé. Faites cuire pendant 40 min. Faites attention à la cuisson, car si le gâteau est trop cuit, il sera sec et s'émiettera. Laissez-le ensuite refroidir dans le moule.

2. Préparez la crème au beurre pendant la cuisson du gâteau (voir p. 23). Coupez le gâteau en deux dans l'épaisseur à l'aide d'un bon couteau et garnissez la partie inférieure de crème au beurre.

3. Reformez le gâteau en remettant la partie supérieure.

4. Préparez le glaçage (voir p. 22). Recouvrez le gâteau, bien froid de préférence, afin que le glaçage se gélifie à son contact.

5. Faites fondre le chocolat noir au bain-marie. Sur la plaque retournée, étalez-le à l'aide de la spatule. Replacez la plaque au congélateur quelques instants. Lorsque le chocolat est bien froid, grattez-le, à l'aide d'un grattoir à dents ou d'un couteau à pain, pour réaliser des copeaux. Nettoyez la plaque et reglacez-la au congélateur.

6. Faites fondre le chocolat blanc au bain-marie. Sur la plaque retournée, étalez-le à l'aide de la spatule. Replacez la plaque au congélateur quelques instants. Lorsque le chocolat est bien froid, grattez-le, à l'aide d'un grattoir à dents ou d'un couteau à pain, pour réaliser des copeaux. Décorez le gâteau avec les copeaux.

GÂTEAU CRISTAUX

Pour 20 personnes
5 h de préparation
4 h 30 de cuisson

MATÉRIEL
Moule à manqué de 15 cm de diamètre
Moule à manqué de 20 cm de diamètre

INGRÉDIENTS : 2 chiffon cakes de 20 cm de diamètre (voir p. 15) • 2 chiffon cakes de 15 cm de diamètre (voir p. 15) • 1 kg de pâte à sucre blanche (voir p. 18) **Pour les cristaux :** 50 cl d'eau • 25 cl de sirop de maïs ou sirop de glucose • 700 g de sucre • Colorant alimentaire bleu **Pour la décoration :** Colle alimentaire • Sucre coloré bleu • Flocons en pâte à sucre • Petites meringues blanches

1. Préparez les 4 gâteaux en suivant la recette p. 15.

2. Préparez les cristaux. Dans une casserole, versez l'eau, le sirop de maïs et le sucre. Mélangez et mettez sur feu moyen. Faites cuire pendant 15 à 20 min. Pour voir si les cristaux sont prêts, mettez-en un peu dans un bol avec des glaçons, si cela durcit c'est prêt. Hors du feu, mettez quelques gouttes de colorant alimentaire. Versez le mélange sur une plaque à pâtisserie recouverte de papier sulfurisé. Laissez refroidir au moins 1 h jusqu'à ce qu'il soit dur.

3. Pour couper les cristaux, mettez la lame du couteau sur le feu (pas trop chaud car les cristaux peuvent brûler) puis coupez petit à petit en mettant légèrement le couteau sur le feu à chaque fois. Une fois coupés, mettez-les dans le réfrigérateur jusqu'à l'utilisation.

4. Montez les gâteaux. Superposez les 2 gâteaux de 20 cm de diamètre et recouvrez-les de pâte à sucre (voir p. 19). Faites de même avec les 2 gâteaux de 15 cm de diamètre, puis superposez-les sur les gâteaux de 20 cm de diamètre. À l'aide de la colle alimentaire, collez et alignez les cristaux autour du gâteau supérieur. Enfin, posez des petites meringues sur le haut du gâteau, des flocons en pâte à sucre sur les côtés.

5

GÂTEAUX SURPRISE

MUFFINS ARC-EN-CIEL

Pour 6 à 8 muffins
25 min de préparation
20 min de cuisson

MATÉRIEL
8 caissettes à muffins

INGRÉDIENTS : 125 g de beurre ramolli • 125 g de sucre en poudre • 2 petits œufs • 200 g de farine • 5 cl de lait • 1 cuil. à café de vanille liquide • Colorants alimentaires

1. Dans un saladier, mélangez le beurre mou et le sucre en poudre jusqu'à ce que la préparation devienne blanche et mousseuse. Ajoutez les œufs entiers, la farine, le lait et la vanille liquide. Fouettez la pâte jusqu'à ce qu'elle soit bien lisse et homogène.

2. Répartissez la pâte dans 6 bols : dans le 1er, versez quelques gouttes de colorant rouge ; dans le 2e, versez quelques gouttes de colorant rouge et de colorant jaune pour obtenir de l'orange ; dans le 3e, versez quelques gouttes de colorant jaune ; dans le 4e, versez quelques gouttes de colorant vert ; dans le 5e, versez quelques gouttes de colorant bleu ; dans le 6e, versez quelques gouttes de colorant bleu et de colorant rouge pour obtenir du violet.

3. Préchauffez le four à 180 °C (th. 6).

4. Répartissez chaque pâte à l'aide d'une cuillère dans les caissettes à muffins d'après l'ordre suivant : violet, bleu, vert, jaune, orange et enfin, rouge.

5. Enfournez les muffins pour 20 min de cuisson, jusqu'à ce qu'ils soient bien gonflés. Laissez-les refroidir avant de les déguster.

RAINBOW CAKE

Pour 15 personnes
2 h 30 de préparation
1 h 12 de cuisson
4 h de réfrigération

MATÉRIEL
Moule à manqué de 24 cm de diamètre

INGRÉDIENTS : Pour les gâteaux : 220 g de beurre mou • 300 g de sucre • 5 œufs • 430 g de farine • 1 sachet de levure chimique • 35 cl de lait • 1 cuil. à café de vanille liquide • Colorants alimentaires

INGRÉDIENTS : Pour la crème : 350 g de mascarpone • 120 g de sucre glace • 450 g de crème liquide entière • 1 cuil. à soupe de vanille liquide

INGRÉDIENTS : Pour la décoration : Smarties® colorés

RAINBOW CAKE
(SUITE)

1. Commencez par préparer les 6 gâteaux. Mélangez le beurre ramolli et le sucre à l'aide d'une cuillère en bois jusqu'à l'obtention d'un mélange mousseux. Ajoutez les œufs entiers et fouettez. Ajoutez ensuite la farine et la levure chimique, puis le lait petit à petit. Mélangez la pâte jusqu'à ce qu'elle soit bien lisse. Ajoutez enfin la vanille liquide et mélangez à nouveau.

2. Préchauffez votre four à 180 ° (th. 6).

3. Répartissez équitablement la pâte dans 6 bols. Versez 1 ou 2 gouttes de colorant alimentaire différent dans chaque bol afin d'obtenir les couleurs violet, bleu, vert, jaune, orange et rouge, et remuez jusqu'à ce que chaque pâte soit d'une couleur homogène.

4. Versez les pâtes (si vous n'avez qu'un seul moule, il faudra cuire les pâtes en plusieurs fois) dans un moule bien beurré et fariné de 20 ou 22 cm de diamètre maximum. Égalisez bien le dessus de la pâte pour avoir un gâteau lisse et bien régulier.

5. Enfournez le gâteau pour 10 à 12 min de cuisson, jusqu'à ce qu'il soit légèrement doré. Démoulez-le sur un morceau de papier sulfurisé et laissez refroidir. Renouvelez l'opération avec les 5 autres pâtes si vous n'avez qu'un seul moule.

6. Dès que le premier gâteau est cuit, préparez votre glaçage à la crème. Versez le mascarpone dans un saladier et remuez-le à l'aide d'une spatule souple en silicone jusqu'à ce qu'il devienne bien lisse et onctueux. Ajoutez le sucre glace et mélangez.

RAINBOW CAKE
(SUITE)

7. Montez la crème liquide bien froide en chantilly. Lorsqu'elle est bien prise, incorporez-la en plusieurs fois au mascarpone, à l'aide d'une spatule souple en silicone. Parfumez votre glaçage avec de la vanille liquide. Réservez au frais.

8. Posez le gâteau violet sur le plat de service. Déposez une grosse cuillerée de glaçage au centre, puis étalez vers l'extérieur à l'aide d'une spatule sur une épaisseur de 3 ou 4 mm. Renouvelez l'opération avec les autres gâteaux, en suivant l'ordre violet, bleu, vert, jaune, orange et rouge. Ne recouvrez pas entièrement le gâteau de glaçage, vous en ajouterez au moment des finitions.

9. Lissez bien le dessus et les bords du rainbow cake et placez-le au moins 4 h au réfrigérateur. Mettez également le reste de glaçage au frais.

10. Au bout de 4 h, mélangez le reste de glaçage à la cuillère pour l'assouplir. Lissez tout le gâteau avec ce glaçage, jusqu'à ce qu'on ne voie plus les différentes couches.

11. Décorez avec des Smarties® de couleur et laissez à nouveau reposer le rainbow cake au réfrigérateur.

GÂTEAU AUX M&M'S® CACHÉS

Pour 8 personnes
50 min de préparation
4 h de réfrigération
40 min de cuisson + 40 min

MATÉRIEL
Moule à manqué de 20 cm de diamètre

INGRÉDIENTS : Pour les 2 gâteaux au yaourt : Voir recette de base p. 16 • 500 g de M&M's® **Pour la ganache montée au chocolat :** 200 g de chocolat • 20 cl de crème liquide à 35 % de M.G. minimum • 20 g de beurre

1. Préparez la ganache. Faites fondre le chocolat coupé en morceaux dans la crème liquide à petit feu. Lorsque le chocolat est fondu, ajoutez le beurre et remuez. Laissez refroidir la ganache au réfrigérateur pendant au moins 4 h.

2. Préchauffez le four à 180 °C (th. 6).

3. Préparez 2 gâteaux au yaourt de 20 cm de diamètre (voir p. 16) et démoulez-les sur une grille.

4. Lorsque la ganache est bien froide, fouettez-la à l'aide d'un batteur électrique jusqu'à ce qu'elle s'éclaircisse et devienne mousseuse.

5. Déposez le premier gâteau sur une planche. À l'aide d'un petit couteau et d'une cuillère, creusez en l'intérieur. Attention à ne pas laisser un bord trop fin et à ne pas faire de trou dans le fond du gâteau. Creusez de la même manière le deuxième gâteau. Remplissez le premier gâteau de M&M's®. Étalez la ganache montée sur le rebord du gâteau, pour souder. Déposez le deuxième gâteau creusé au-dessus, puis badigeonnez tout le gâteau de ganache montée.

GÂTEAU DAMIER

Pour 8 personnes
50 min de préparation
40 min de cuisson
1 h de réfrigération

MATÉRIEL
Moule à manqué de 20 cm de diamètre

INGRÉDIENTS : Pour le gâteau vanille : 2 œufs • 130 g de sucre en poudre • 130 g de beurre fondu • 1 cuil. à café de vanille liquide • 130 g de farine • ½ sachet de levure chimique **Pour le gâteau chocolat :** 2 œufs • 130 g de sucre en poudre • 130 g de beurre fondu • 100 g de farine • ½ sachet de levure chimique • 30 g de cacao amer en poudre **Pour le glaçage et la décoration :** 400 g de pâte à tartiner • Glaçage au chocolat (voir recette p. 22)

1. Préchauffez le four à 180 °C (th. 6). Préparez le gâteau à la vanille. Fouettez les œufs entiers avec le sucre en poudre jusqu'à ce que le mélange devienne crémeux. Incorporez le beurre fondu et la vanille liquide. Ajoutez la farine et la levure chimique et mélangez encore. Versez la pâte dans le moule préalablement beurré et fariné. Enfournez pour 20 min de cuisson.

2. Préparez le gâteau au chocolat. Fouettez les œufs entiers avec le sucre jusqu'à ce que le mélange devienne crémeux. Incorporez le beurre fondu. Ajoutez la farine, le cacao et la levure, et mélangez. Versez la pâte dans le même moule rond beurré et fariné. Enfournez 20 min.

3. Laissez tiédir les gâteaux, puis mettez-les au réfrigérateur 1 h. Découpez chaque gâteau en 3 disques. Aidez-vous d'un grand bol puis d'un verre. De cette manière, vous aurez donc 2 cercles et 1 petit disque.

4. Procédez au montage du gâteau. Déposez le plus grand des cercles au chocolat sur un plat. Étalez une fine couche de pâte à tartiner à l'intérieur du cercle. Déposez à l'intérieur le cercle moyen à la vanille, puis badigeonnez-en également l'intérieur de pâte à tartiner. Terminez avec le petit disque au chocolat. Tartinez le dessus du gâteau reformé d'une fine couche de pâte à tartiner. Par-dessus le premier gâteau, déposez-le grand cercle à la vanille. Badigeonnez-en l'intérieur de pâte à tartiner, puis déposez le cercle moyen de gâteau au chocolat. Tartinez-en à nouveau l'intérieur et terminez en déposant le petit disque à la vanille au centre. Vous obtenez ainsi un montage décalé des deux couleurs.

5. Préparez le glaçage au chocolat (voir p. 22), puis laissez-le refroidir à température ambiante, il va épaissir. Nappez tout le gâteau.

RAINBOW CAKE MYRTILLE ET MÛRE

Pour 16 personnes
30 min de préparation
1 h 12 de cuisson
2 h 30 de repos

MATÉRIEL
Moule à manqué de 20 cm de diamètre

INGRÉDIENTS : Pour la génoise : 5 œufs • 350 g de sucre • 220 g de beurre pommade • 7 g de levure • 300 g de farine • 130 g de poudre d'amandes • 35 cl de lait entier • 1 cuil. à café d'extrait de vanille • Colorant alimentaire en gel de couleur violette **Pour le glaçage :** 500 g de cream cheese type Philadelphia® • 250 g de mascarpone • 1 cuil. à soupe d'arôme de myrtille • 200 g de sucre glace **Pour la décoration :** 125 g de mûres • 125 g de myrtilles

1. Préparez la génoise comme indiqué p. 17, en respectant les quantités ci-dessus et en ajoutant la poudre d'amandes en même temps que la farine.

2. Répartissez la pâte équitablement dans six bols et déposez de une à six gouttes de colorant dans chaque bol de manière à obtenir un dégradé. Mélangez bien chaque pâte pour obtenir une couleur homogène et vérifiez la couleur. Ajoutez du colorant si besoin et mélangez encore.

3. Préchauffez le four à 180 °C (th. 6). Beurrez le moule et versez une première pâte au centre, répartissez-la uniformément et lissez la surface. Enfournez la génoise pour 12 min, démoulez-la, retournez-la sur une grille pour qu'elle refroidisse et poursuivez la cuisson avec les autres pâtes.

4. Lorsque toutes les génoises sont prêtes et refroidies (si besoin, coupez la partie supérieure pour qu'elles soient bien plates), préparez le glaçage. Battez le cream cheese et le mascarpone avec l'arôme de myrtille et le sucre glace. Fouettez encore et réservez la moitié du glaçage.

5. Déposez la génoise violette la plus foncée sur un plat, étalez du glaçage sur toute la surface. Déposez la génoise un peu plus claire par-dessus, garnissez de glaçage et procédez de cette manière en respectant le dégradé de violet. Lissez le glaçage sur le pourtour du gâteau et mettez au frais 2 h. Couvrez l'ensemble du gâteau avec le reste de glaçage, déposez joliment les fruits frais et mettez au frais 30 min avant de servir.

GÂTEAU AUX CŒURS CACHÉS

Pour 12 personnes
35 min de préparation
1 h 20 de cuisson
30 min de réfrigération

MATÉRIEL
Batteur électrique
Moule à cake
Emporte-piece cœur

INGRÉDIENTS : Pour le gâteau au yaourt : Voir la recette de base p. 16 **Pour le gâteau au chocolat :** 3 œufs • 200 g de chocolat • 120 g de beurre • 120 g de sucre • 100 g de farine **Pour le glaçage et la décoration :** Glaçage au chocolat (voir p. 22) • Billes en chocolat

1. Préchauffez le four à 180 °C (th. 6). Préparez la pâte au chocolat. Faites fondre le beurre et le chocolat coupé en morceaux dans une casserole à feu doux. Séparez les blancs d'œufs des jaunes. Dans un saladier, mélangez les jaunes d'œufs avec le sucre. Versez le chocolat fondu, puis la farine.

2. Montez les blancs en neige et incorporez-les délicatement à la préparation. Versez la pâte au chocolat dans un moule à cake beurré et fariné.

3. Enfournez pour 35-40 min de cuisson, jusqu'à ce que le gâteau soit bien gonflé.

4. Laissez refroidir le gâteau quelques minutes dans son moule avant de le démouler sur une grille. Laissez-le totalement refroidir, puis placez-le 30 min au réfrigérateur.

5. Préparez la pâte du gâteau au yaourt (voir p. 16).

6. Coupez le gâteau au chocolat en tranches puis, à l'aide d'un emporte-pièce en forme de cœur, découpez le centre de chaque tranche et réservez.

7. Beurrez et farinez un moule rond de 24-26 cm de diamètre. Versez un petit peu de pâte de gâteau au yaourt dans le fond du moule. Déposez les cœurs en cercle dans le moule en les enfonçant dans la pâte, collés les uns aux autres. Versez le reste de la pâte dans le moule, en recouvrant bien tous les cœurs.

8. Enfournez le gâteau pour 35-40 min de cuisson, jusqu'à ce qu'il soit bien gonflé et doré.

9. Démoulez le gâteau et laissez-le refroidir. Préparez le glaçage au chocolat (voir p. 22) puis laissez-le refroidir à température ambiante, il va épaissir. Enfin, nappez le gâteau du glaçage au chocolat.

VARIANTE

Vous pouvez également intervertir les couleurs des gâteaux pour obtenir un gâteau au chocolat avec des cœurs blancs.

GÂTEAU AUX CONFETTIS

Pour 8 personnes
30 min de préparation
45 min de cuisson

MATÉRIEL
Moule à manqué de 24 cm de diamètre

INGRÉDIENTS : Pour la pâte : 150 g de beurre mou • 100 g de sucre en poudre • 3 œufs • 180 g de farine • ½ sachet de levure chimique • 5 cl de lait • 1 cuil. à café de vanille • 100 g de boules multicolores
Pour le glaçage : 350 g de mascarpone • 120 g de sucre glace • 450 g de crème liquide bien froide • 50 g de billes multicolores

1. Préchauffez le four à 170 °C (th. 5-6).

2. Mélangez le beurre mou et le sucre en poudre jusqu'à l'obtention d'un mélange mousseux. Ajoutez les œufs un à un en remuant, puis la farine et la levure chimique. Ajoutez le lait et la vanille et fouettez jusqu'à ce que la pâte soit bien lisse. Pour finir, ajoutez les boules multicolores dans la pâte et remuez rapidement. Versez la pâte dans le moule beurré et fariné.

3. Enfournez pour 45 min de cuisson. Pour vérifier la cuisson, plantez la lame d'un couteau dans la pâte : elle doit ressortir sèche. Laissez le gâteau refroidir quelques minutes avant de le démouler sur une grille.

4. Lorsque le gâteau est froid, préparez le glaçage à la crème. Versez le mascarpone dans un saladier et remuez-le à l'aide d'une spatule souple en silicone jusqu'à ce qu'il devienne bien lisse et onctueux. Ajoutez le sucre glace et mélangez. Montez la crème liquide bien froide en chantilly. Lorsqu'elle est bien prise, incorporez-la en plusieurs fois au mascarpone, à l'aide d'une spatule souple en silicone.

5. Remplissez une poche à douille de ce glaçage, puis décorez le gâteau. Laissez durcir le glaçage puis saupoudrez de billes multicolores.

RAINBOW CAKE CITRON VERT ET AMANDE

Pour 16 personnes
30 min de préparation
1 h 12 de cuisson
2 h 30 de repos

MATÉRIEL
Moule de 20 cm de diamètre ou moule à cake

INGRÉDIENTS : Pour la génoise : 2 citrons verts • 5 œufs • 350 g de sucre • 220 g de beurre pommade • 7 g de levure • 300 g de farine • 130 g de poudre d'amandes • 35 cl de lait entier • 1 cuil. à café d'extrait d'amande • Colorant alimentaire en gel de couleur verte **Pour le glaçage :** 500 g de cream cheese type Philadelphia® • 250 g de mascarpone • 200 g de sucre glace **Pour la décoration :** 1 citron vert

1. Préparez la génoise. Lavez les citrons, prélevez les zestes et pressez-les. Fouettez les œufs et le sucre jusqu'à ce que le mélange blanchisse. Ajoutez le beurre pommade et les zestes de citron et fouettez encore pour obtenir une pâte homogène. Tamisez la levure et la farine, versez-les dans le bol avec la poudre d'amandes et mélangez bien. Versez petit à petit le lait mélangé à l'extrait d'amande.

2. Répartissez la pâte équitablement dans six bols et déposez de une à six gouttes de colorant dans chaque bol de manière à obtenir un dégradé. Mélangez bien chaque pâte pour obtenir une couleur homogène et vérifiez la couleur. Ajoutez du colorant si besoin et mélangez encore.

3. Préchauffez le four à 180 °C (th. 6). Beurrez le moule et versez une première pâte au centre du moule. Lissez la surface. Enfournez la génoise pour 12 min, démoulez-la, retournez-la sur une grille et poursuivez la cuisson avec les autres pâtes.

4. Lorsque toutes les génoises sont prêtes et refroidies, préparez le glaçage. Battez le cream cheese et le mascarpone avec le jus de citron vert et le sucre glace. Fouettez encore et réservez la moitié du glaçage.

5. Déposez la génoise verte la plus foncée sur un plat, étalez du glaçage sur toute la surface. Déposez la génoise un peu plus claire par-dessus, garnissez de glaçage et procédez de cette manière en respectant le dégradé.

6. Lissez le glaçage sur le pourtour du gâteau et mettez au frais 2 h. Couvrez l'ensemble du gâteau avec le reste de glaçage, coupez le citron vert en fines tranches, déposez-les joliment sur le dessus du gâteau et mettez au frais pour 30 min avant de servir.

TIRAMISU FAÇON LAYER CAKE

Pour 6 personnes
1 h 30 de préparation
45 min de cuisson

MATÉRIEL
Grand cercle à pâtisserie de 18 cm de diamètre

INGRÉDIENTS : 20 g de cacao en poudre **Pour le sirop de fruits rouges :** 100 g d'eau • 40 g de sucre • 300 g de fraises • 100 g de framboises surgelées **Pour le biscuit :** 40 g de beurre • 4 œufs • 140 g de sucre semoule • 140 g de farine **Pour la crème au mascarpone :** 2 feuilles de gélatine • 13 cl de crème liquide • 120 g de jaunes d'œufs • 90 g de sucre semoule • 150 g de blancs d'œufs • 125 g de mascarpone • 1 cuil. à café d'eau de rose • 1 cuil. à café d'eau de jasmin

1. Pour le sirop de fruits rouges. Dans une casserole, portez à ébullition l'eau, le sucre et les fruits rouges. Une fois que le mélange bout, arrêtez la cuisson, laissez refroidir et filtrez le sirop dans une passoire fine.

2. Préchauffez le four à 180 °C (th. 6). Préparez le biscuit : faites fondre le beurre dans une petite casserole. Dans un bol, fouettez les œufs avec le sucre jusqu'à ce que le mélange double de volume. Versez deux cuillerées de ce mélange dans le beurre fondu et mélangez bien. Versez ensuite la farine et mélangez délicatement. Enfin, ajoutez le beurre. Versez la pâte dans un cercle à pâtisserie posé sur une plaque de papier sulfurisé, et faites cuire 25 min environ. Réservez un peu de biscuits pour décorer. Coupez le biscuit en trois dans l'épaisseur pour obtenir trois disques de biscuit.

3. Préparez la crème au mascarpone. Trempez les feuilles de gélatine dans de l'eau. Montez la crème liquide en chantilly, et réservez au frais. Montez les jaunes d'œufs au batteur avec la moitié du sucre pour obtenir une consistance mousseuse. Montez ensuite les blancs d'œufs au batteur avec le sucre restant. Mélangez le mascarpone avec les jaunes et le sucre, ajoutez la gélatine fondue, incorporez ensuite les blancs montés puis la crème fouettée, l'eau de rose et le jasmin. Versez la crème dans une poche plastique et réservez au frais.

4. Pour le dressage. Trempez les trois disques de biscuit dans le sirop de fruits rouges. Chemisez le cercle à pâtisserie avec 1 biscuit puis une belle couche de crème au mascarpone, puis de nouveau 1 biscuit et continuez avec le reste de crème et de biscuit. Terminez avec une couche de crème au mascarpone et décorez de brisures de biscuits restants et de cacao en poudre.

GÂTEAU MAGIQUE NUTELLA® ET NOISETTES

Pour 6 à 8 personnes
15 min de préparation
50 min à 1 h de cuisson
3 h de réfrigération

MATÉRIEL
Batteur électrique
Plat carré de 20 cm de côté
Papier cuisson

INGRÉDIENTS : 125 g de beurre • 4 œufs • 100 g de sucre semoule • 4 cuil. à soupe de Nutella® • 115 g de farine • 1 cuil. à soupe d'eau • 50 cl de lait • 40 g de noisettes entières • 1 pincée de sel

1. Préchauffez le four à 150 °C (th. 5). Faites fondre le beurre à feu doux dans une casserole. Réservez.

2. Cassez les œufs et séparez les blancs des jaunes. Réservez les blancs dans un bol. Dans un saladier, fouettez les jaunes avec le sucre semoule à l'aide du batteur. Versez, dans cet ordre, le beurre fondu, le Nutella®, la farine, l'eau et le lait. Mélangez bien toujours au batteur.

3. Salez et montez les blancs en neige ferme à l'aide du batteur. À l'aide d'un fouet, ajoutez les blancs en trois fois dans la préparation. Mélangez tout en cassant légèrement les blancs afin qu'il reste encore des morceaux.

4. Tapissez le fond du moule de papier cuisson, parsemez-le de noisettes puis versez la préparation. Enfournez pour 50 min à 1 h (selon votre four à chaleur tournante ou traditionnelle).

5. Laissez refroidir puis réservez au réfrigérateur au moins 3 h. Coupez en carrés puis servez.

RAINBOW CAKE FRAMBOISE ET CACAO

Pour 16 personnes
30 min de préparation
1 h 12 de cuisson
2 h de repos

MATÉRIEL
Moule de 20 cm de diamètre

INGRÉDIENTS : Pour la génoise : 5 œufs • 350 g de sucre • 220 g de beurre pommade • 7 g de levure • 300 g de farine • 130 g de poudre d'amandes • 35 cl de lait entier • 1 cuil. à soupe d'arôme de framboise • Colorants alimentaire en gel rose et marron **Pour le glaçage :** 500 g de cream cheese type Philadelphia® • 230 g de mascarpone • 200 g de sucre glace • 15 g de cacao **Pour la décoration :** 125 g de framboises • 1 cuil. à soupe de cacao

1. Préparez la génoise comme indiqué p. 17, en respectant les quantités ci-dessus et en ajoutant l'arôme de framboise. Répartissez la pâte équitablement dans six bols et réalisez un dégradé de rose avec trois pâtes et un dégradé de marron avec les trois autres pâtes. Mélangez bien pour obtenir une pâte d'une couleur homogène et vérifiez la couleur. Ajoutez du colorant si besoin et mélangez encore.

2. Préchauffez le four à 180 °C (th. 6). Beurrez le moule et versez une première pâte au centre, répartissez-la uniformément dans tout le moule et lissez la surface. Enfournez la génoise pour 12 min, démoulez-la, retournez-la sur une grille pour qu'elle refroidisse et poursuivez la cuisson avec les autres pâtes.

3. Lorsque toutes les génoises sont prêtes et refroidies (si besoin, coupez la partie supérieure des génoises pour qu'elles soient bien plates), préparez le glaçage. Battez le cream cheese et le mascarpone puis ajoutez le sucre glace et le cacao tamisés ensemble. Fouettez encore et réservez la moitié du glaçage.

4. Déposez la génoise marron la plus foncée sur un plat, étalez du glaçage sur toute la surface. Déposez la génoise marron plus claire par-dessus, garnissez de glaçage et continuez ainsi en respectant le dégradé de marron puis de rose. Lissez le glaçage sur le pourtour du gâteau puis laissez reposer au frais pendant 2 h. Couvrez l'ensemble du gâteau avec le glaçage, lissez bien la surface. Saupoudrez de cacao et déposez les framboises sur le dessus.

LAYER CAKE À LA CRÈME PRALINÉE

Pour 10 à 12 personnes
45 min de préparation
40 min de cuisson
2 h de repos

INGRÉDIENTS : Pour les gâteaux : 450 g de beurre • 350 g de sucre de canne • 4 cuil. à soupe de crème pralin noisette • 8 œufs • 360 g de farine • 90 g de poudre d'amandes • 1 cuil. à café de bicarbonate de soude • 1 cuil. à café de levure chimique • 20 cl de lait **Pour la crème mousseline pralinée :** 20 g de farine • 20 g de fécule de maïs • 1 gousse de vanille • 80 g de sucre en poudre • 4 jaunes d'œufs • 40 cl de lait entier • 240 g de beurre pommade (mou) • 120 g de de crème pralin noisette **Pour la finition :** 200 g de pralinoise • 40 g d'amandes effilées

1. Préchauffez le four à 180 °C (th. 6) et préparez les gâteaux. Dans un saladier, fouettez le beurre avec le sucre jusqu'à obtention d'une consistance crémeuse. Ajoutez la pâte de praliné et les œufs un à un. Mélangez bien, puis ajoutez la farine, la poudre d'amandes, le bicarbonate et la levure. Fouettez à nouveau. Ajoutez le lait et mélangez encore. Versez la pâte dans 2 moules à manqué de même taille beurrés et farinés, puis enfournez pour 40 min de cuisson.

2. Sortez les gâteaux du four et laissez-les refroidir sur une grille. Coupez-les en deux dans l'épaisseur et réservez.

3. Préparez la mousseline pralinée. Tamisez la farine et la fécule de maïs. Prélevez les graines de la gousse de vanille. Mélangez le sucre, les graines, les jaunes d'œufs, la farine et la fécule. Faites bouillir le lait avec la gousse, versez-en la moitié dans la casserole. Faites cuire 1 min en remuant et laissez épaissir. Réservez et laissez refroidir à température ambiante. Lorsque le beurre et la crème sont à la même température, fouettez le beurre puis incorporez la crème pralin noisette, puis la crème pâtissière. Fouettez jusqu'à ce que la crème monte. Mettez-la dans une poche à douille unie. Garnissez la partie inférieure d'un gâteau avec un tiers de cette crème, puis posez la partie supérieure du gâteau par-dessus. Garnissez le gâteau d'un tiers de crème au praliné, puis déposez la partie inférieure du second gâteau par-dessus. Recouvrez de la crème restante et déposez la dernière moitié de gâteau dessus. Placez le layer cake au frais pendant 1 h 30.

4. Faites fondre la pralinoise à feu doux, puis versez-la sur le gâteau pour le glacer. Parsemez d'amandes et laissez prendre au frais 30 min.

CAKE DE LA SAINT-VALENTIN

Pour 8 personnes
35 min de préparation
1h 10 de cuisson

MATÉRIEL
Moule à cake

INGRÉDIENTS : Pour le gâteau au yaourt rose : Voir la recette de base p. 16 • Quelques gouttes de colorant alimentaire rouge **Pour le gâteau au chocolat :** 120 g de beurre • 200 g de chocolat • 3 œufs • 120 g de sucre • 100 g de farine

1. Préchauffez le four à 180 °C (th. 6).

2. Préparez la pâte de gâteau au yaourt (voir p. 16). Une fois les blancs mélangés à la pâte, ajoutez à la préparation quelques gouttes de colorant alimentaire rouge, jusqu'à ce que vous obteniez une belle couleur rose ou rouge.

3. Versez la pâte dans le moule. Enfournez pour 40 min de cuisson. Pour vérifier la cuisson, plantez la lame d'un couteau dans le gâteau : elle doit ressortir sèche.

4. Démoulez le gâteau et laissez-le refroidir sur une grille.

5. Préparez la pâte au chocolat. Faites fondre le beurre et le chocolat coupé en morceaux dans une casserole à feu doux. Séparez les blancs d'œufs des jaunes. Dans un saladier, mélangez les jaunes d'œufs avec le sucre. Versez le chocolat fondu, puis la farine. Montez les blancs en neige et incorporez-les délicatement à la préparation.

6. Quand le gâteau rouge est bien froid, il peut être découpé. Coupez-le en tranches et prélevez un cœur au centre de chaque tranche avec un emporte-pièce.

7. Beurrez et farinez le moule à cake. Déposez les cœurs les uns contre les autres dans toute la longueur du moule en les collant bien entre eux. Si vous n'arrivez pas à faire tenir les cœurs droits, déposez d'abord un peu de pâte au chocolat dans le fond pour les faire tenir.

8. Versez la pâte au chocolat dans le moule à cake, sur les cœurs. Elle doit recouvrir tous les cœurs.

9. Enfournez pour 30 min de cuisson. Le gâteau doit être bien gonflé. Laissez-le refroidir dans le moule pendant 15 min avant de le démouler sur le plat de service.

GÂTEAU MAGIQUE CHOCOLAT BLANC ET PISTACHE

Pour 6 à 8 personnes
15 min de préparation
50 min à 1 h de cuisson
3 h de réfrigération

MATÉRIEL
Batteur électrique
Plat carré de 20 cm de côté
Papier cuisson

INGRÉDIENTS : 100 g de pistaches non salées • 125 g de beurre • 150 g de chocolat blanc • 4 œufs • 150 g de sucre semoule • 115 g de farine • 1 cuil. à soupe d'eau • 50 cl de lait • 1 pincée de sel

1. Préchauffez le four à 150 °C (th. 5). Répartissez les pistaches sur une plaque de cuisson puis enfournez 10 min. Faites fondre le beurre et le chocolat blanc à feu doux dans une casserole. Réservez.

2. Cassez les œufs et séparez les blancs des jaunes. Réservez les blancs dans un bol. Dans un saladier, fouettez les jaunes avec le sucre semoule à l'aide du batteur. Versez, dans cet ordre, le mélange chocolat blanc et beurre fondu, la farine, l'eau et le lait. Mélangez bien toujours au batteur.

3. Salez et montez les blancs en neige ferme à l'aide du batteur. À l'aide d'un fouet, ajoutez les blancs en trois fois dans la préparation. Mélangez tout en cassant légèrement les blancs afin qu'il reste encore des morceaux.

4. Tapissez le fond du moule de papier cuisson, parsemez de la moitié des pistaches puis versez la préparation au chocolat blanc. Répartissez le reste des pistaches sur le dessus du gâteau puis enfournez pour 50 min à 1 h (selon votre four à chaleur tournante ou traditionnelle).

5. Laissez refroidir puis réservez au réfrigérateur au moins 3 h. Coupez en carrés puis servez.

RAINBOW CAKE À L'ENVERS

Pour 16 personnes
30 min de préparation
25 min de cuisson
2 h 30 de repos

MATÉRIEL
2 Moules de 20 cm de diamètre

INGRÉDIENTS : Pour la génoise : 5 œufs • 350 g de sucre • 220 g de beurre pommade • 7 g de levure • 430 g de farine • 35 cl de lait entier • 1 cuil. à café d'extrait de vanille • 5 colorants alimentaires en gel
Pour le glaçage : 500 g de cream cheese type Philadelphia® • 250 g de mascarpone • 1 cuil. à soupe d'extrait de vanille • 200 g de sucre glace

1. Préparez la génoise. Cassez les œufs et déposez-les dans un bol avec le sucre. Fouettez jusqu'à ce que le mélange blanchisse. Ajoutez le beurre pommade, fouettez encore pour obtenir une pâte homogène. Tamisez la levure et la farine ensemble, versez-les dans le bol et mélangez bien.

2. Versez petit à petit le lait mélangé à l'extrait de vanille tout en remuant.

3. Préchauffez le four à 180 °C (th. 6). Répartissez la pâte dans les moules, lissez la surface. Enfournez les génoises pour 25 min. Démoulez-les, retournez-les sur une grille pour qu'elles refroidissent. Lorsqu'elles sont froides (si besoin, coupez la partie supérieure de la génoise pour qu'elle soit bien plate), coupez-les en trois dans l'épaisseur.

4. Préparez le glaçage. Battez le cream cheese et le mascarpone avec l'extrait de vanille puis ajoutez le sucre glace. Fouettez encore et réservez la moitié du glaçage. Divisez l'autre moitié en cinq parts égales dans des bols et déposez une pointe de colorant différent par bol puis mélangez bien pour uniformiser chaque couleur. Déposez une première génoise sur un plat et garnissez la partie supérieure avec le glaçage bleu, déposez un autre gâteau et étalez le glaçage vert sur le dessus. Poursuivez ainsi avec les couleurs jaune, orange et rouge. Lissez bien les bords à chaque fois puis mettez au réfrigérateur 2 h.

5. Couvrez l'ensemble du gâteau avec le reste de glaçage (que vous pouvez colorer avec la couleur de votre choix ou laisser blanc) et mettez au frais pour 30 min avant de servir.

GÂTEAU DAMIER VERT ET ROSE

Pour 8 personnes
55 min de préparation
40 min de cuisson
1 h de réfrigération

MATÉRIEL
2 moules de 20 cm de diamètre
Batteur électrique

INGRÉDIENTS : Pour le gâteau vert : 2 œufs • 130 g de sucre en poudre • 130 g de beurre fondu • 1 cuil. à soupe de pâte à la pistache • 130 g de farine • ½ sachet de levure chimique • 2 gouttes de colorant alimentaire vert **Pour le gâteau rose :** 2 œufs • 130 g de sucre en poudre • 130 g de beurre fondu • 130 g de farine • ½ sachet de levure chimique • 3 gouttes de colorant alimentaire rose **Pour le gâteau blanc :** 2 œufs • 130 g de sucre en poudre • 130 g de beurre fondu • 130 g de farine • ½ sachet de levure chimique **Pour le glaçage et la décoration :** 400 g de pâte à tartiner • 160 g de mascarpone • 80 g de sucre glace • 20 cl de crème liquide froide

1. Préchauffez le four à 180 °C (th. 6).

2. Préparez le gâteau vert : fouettez les œufs entiers avec le sucre en poudre jusqu'à ce que le mélange devienne bien crémeux. Ajoutez ensuite le beurre fondu et la pâte à la pistache. Fouettez la préparation et ajoutez la farine et la levure chimique. Ajoutez le colorant alimentaire vert et remuez.

3. Versez la pâte dans le moule rond préalablement beurré et fariné. Enfournez pour 20 min de cuisson, jusqu'à ce que le gâteau soit bien doré. Pour vérifier la cuisson, plantez un cure-dent dans le gâteau : il doit ressortir sec. Sinon, prolongez la cuisson de quelques minutes.

4. Préparez le gâteau rose : fouettez les œufs entiers avec le sucre en poudre jusqu'à ce que le mélange devienne bien crémeux. Ajoutez ensuite le beurre fondu. Fouettez la préparation et ajoutez la farine et la levure chimique. Ajoutez le colorant alimentaire rouge et remuez.

5. Versez la pâte dans le même moule rond beurré et fariné (ou un moule de même dimension). Enfournez le gâteau rose pour 20 min de cuisson, jusqu'à ce qu'il soit bien cuit.

GÂTEAU DAMIER VERT ET ROSE (SUITE)

6. Préparez le gâteau blanc en suivant le même déroulé, mais sans ajouter de colorant. Procédez de la même façon pour la cuisson.

7. Laissez tiédir les gâteaux à température ambiante, puis mettez-les au réfrigérateur pendant environ 1 h.

8. Découpez chaque gâteau en 3 cercles/disques : pour cela, aidez-vous d'un grand bol puis d'un verre. De cette manière, vous aurez donc 2 cercles et 1 petit disque. Utilisez le même matériel pour les autres gâteaux.

9. Procédez au montage : déposez le plus grand des cercles verts sur un plat. Étalez une fine couche de pâte à tartiner à l'intérieur du cercle. Déposez à l'intérieur le cercle moyen blanc puis badigeonnez-en également l'intérieur de pâte à tartiner. Terminez avec le petit disque rose. La pâte à tartiner va servir à souder les parties entre elles. Tartinez le dessus du gâteau reformé d'une fine couche de pâte à tartiner. Par-dessus le premier gâteau, déposez le grand cercle rose. Badigeonnez-en l'intérieur de pâte à tartiner, puis déposez le cercle moyen de gâteau vert. Tartinez-en l'intérieur à nouveau, et terminez en déposant le disque blanc au centre. Procédez de la même manière avec les trois cercles restants. Vous obtenez ainsi un montage en décalé des trois couleurs.

GÂTEAU DAMIER VERT ET ROSE (SUITE)

10. Préparez le glaçage : remuez le mascarpone dans un saladier à l'aide d'une spatule en silicone jusqu'à ce qu'il devienne bien lisse et onctueux. Ajoutez le sucre glace et mélangez.

11. Montez la crème liquide bien froide en chantilly. Lorsqu'elle est bien prise, incorporez-la en plusieurs fois au mascarpone, à l'aide d'une spatule souple en silicone.

12. Remplissez une poche à douille de ce glaçage, puis décorez les bords puis le dessus du gâteau. Placez au réfrigérateur jusqu'au moment de servir.

RAINBOW CAKE CHOCOLAT PRALINÉ

Pour 16 personnes
30 min de préparation
1 h 12 + 15 min de cuisson
2 h 30 de repos

MATÉRIEL
Moules à manqué de 20 cm de diamètre

INGRÉDIENTS : Pour la génoise : 5 œufs • 350 g de sucre • 220 g de beurre pommade • 5 g de cacao amer en poudre • 7 g de levure • 295 g de farine • 130 g de poudre de noisettes • 35 cl de lait entier • 1 cuil. à café d'extrait de vanille • Colorant alimentaire liquide de couleur marron **Pour le glaçage :** 50 g de chocolat praliné • 230 g de mascarpone • 500 g de cream cheese type Philadelphia® • 200 g de sucre glace • 15 g de cacao **Pour la déco :** 30 g de noisettes • 20 g de pralin • 50 g de chocolat au lait

1. Préparez la génoise. Cassez les œufs et déposez-les dans un bol avec le sucre. Fouettez jusqu'à ce que le mélange blanchisse. Ajoutez le beurre pommade, fouettez encore pour obtenir une pâte homogène. Tamisez la levure, la farine, le cacao et la poudre de noisettes ensemble. Versez-les dans le bol et mélangez bien. Versez petit à petit le lait mélangé à l'extrait de vanille tout en remuant.

2. Répartissez la pâte équitablement dans six bols. Déposez de une à six gouttes de colorant dans chaque bol de manière à obtenir un dégradé.

3. Préchauffez le four à 180 °C (th. 6). Beurrez le moule et versez une première pâte au centre du moule. Lissez la surface. Enfournez la génoise pour 12 min, démoulez-la, retournez-la sur une grille et poursuivez la cuisson avec les autres pâtes.

4. Lorsque toutes les génoises sont prêtes et refroidies, préparez le glaçage. Battez le cream cheese, le mascarpone et le chocolat praliné fondu puis ajoutez le sucre glace et le cacao tamisés ensemble. Fouettez encore et réservez la moitié du glaçage.

5. Déposez la génoise la plus foncée sur un plat, étalez du glaçage sur toute la surface. Déposez la génoise un peu plus claire par-dessus, garnissez de glaçage et procédez de cette manière en respectant le dégradé de marron. Lissez le glaçage sur le pourtour du gâteau et mettez au frais 2 h.

6. Pendant ce temps, faites des copeaux de chocolat avec un économe. Préchauffez le four à 150 °C (th. 5) et faites torréfier les noisettes pendant 15 min. Couvrez l'ensemble du gâteau avec le reste de glaçage, puis déposez les noisettes et les copeaux de chocolat sur le dessus du gâteau, parsemez de pralin et mettez au frais 30 min avant de servir.

MARBRÉ ZÉBRÉ

Pour 8 personnes
20 min de préparation
40 min de cuisson

MATÉRIEL
Batteur électrique
Moule à manqué de 26 cm
de diamètre

INGRÉDIENTS : 4 œufs • 150 g de sucre • 180 g de beurre fondu • 10 cl de lait • 300 g de farine • 1 sachet de levure chimique • 1 cuil. à café de vanille liquide • 1 sachet de sucre vanillé • 3 cuil. à soupe de cacao amer en poudre

1. Séparez les blancs d'œufs des jaunes. Fouettez les jaunes d'œufs avec le sucre en poudre, jusqu'à ce que le mélange blanchisse. Ajoutez ensuite le beurre fondu, le lait, la farine et la levure chimique, et mélangez bien.

2. Montez les blancs en neige et ajoutez-les délicatement à la préparation.

3. Répartissez la pâte dans deux saladiers : dans le premier, ajoutez le sucre vanillé et la vanille liquide ; dans le second, incorporez le cacao en poudre. Mélangez délicatement chacune des pâtes. Préchauffez le four à 180 °C (th. 6).

4. Beurrez et farinez un moule rond de 26 cm de diamètre. Versez la pâte cuillerée par cuillerée, bien au centre du moule, en alternant les couleurs jusqu'à épuisement des deux pâtes.

5. Enfournez le gâteau pour 40 min de cuisson, jusqu'à ce qu'il soit bien doré.

6. Pour vérifier la cuisson, plantez la lame d'un couteau dans la pâte : elle doit ressortir sèche. Démoulez le gâteau et laissez-le refroidir sur une grille avant de servir.

RAINBOW CAKE POPS

Pour une vingtaine de cake pops
30 min de préparation
25 min de cuisson
2 h 30 de repos

MATÉRIEL
Moule carré de 20 cm

INGRÉDIENTS : • 120 g de beurre • 120 g de sucre en poudre • 2 petits œufs • ½ cuil. à café d'extrait de vanille • 120 g de farine • 1,5 cuil. à café de levure chimique • 45 g de poudre d'amandes • 6 colorants alimentaires de différentes couleurs • 200 g de cream cheese type Philadelphia® • 200 g de chocolat blanc

1. Préchauffez le four à 180 °C (th. 6). Beurrez et farinez le moule.

2. Battez le beurre, le sucre et les œufs dans un bol, puis ajoutez l'extrait de vanille. Tamisez la farine, la levure et la poudre d'amandes, puis incorporez-les au mélange précédent. Répartissez la pâte dans six bols et colorez chaque bol avec une couleur différente.

3. Versez toutes les pâtes dans le moule et mélangez-les légèrement pour marbrer la pâte. Lissez la surface de la pâte à la spatule. Enfournez pour 25 à 30 min de cuisson. Lorsque le gâteau est froid, émiettez-le à l'aide de vos doigts et mélangez-le au cream cheese. Formez des boules de 4 cm de diamètre et placez-les au frais pendant 30 min.

4. Faites fondre le chocolat blanc (colorez-le si vous le souhaitez). Piquez chaque boule de gâteau dans un bâtonnet en bois et trempez-la dans le chocolat blanc fondu. Égouttez bien vos cake pops et faites-les sécher à la verticale en les plantant dans un morceau de polystyrène. Vous pouvez les décorer avec des vermicelles multicolores. Laissez prendre le chocolat blanc pendant au moins 2 h au réfrigérateur.

FINGER CAKE

Pour 6 à 8 personnes
15 min de préparation
4 h 20 de repos

MATÉRIEL
Moule à cake de 24 cm
Robot mixeur

INGRÉDIENTS : 1 gousse de vanille • 20 cl de crème liquide à 30 % • 100 g de fromage blanc • 100 g de mascarpone • 2 sachets de sucre vanillé • 2 boîtes de biscuits type Finger® • Billes décoratives trio de chocolats

1. Placez le bol du robot au congélateur avec les batteurs pendant 20 min.

2. Fendez la vanille en deux dans le sens de la longueur et récupérez les graines à l'aide de la pointe d'un couteau.

3. Dans le bol du robot, déposez la crème bien froide, le fromage blanc et le mascarpone. Fouettez rapidement et laissez monter en chantilly. Lorsqu'elle commence à devenir dense, ajoutez les graines de vanille et le sucre vanillé. Continuez jusqu'à obtenir une texture bien ferme.

4. Dans le moule à cake filmé, versez les billes au chocolat de façon à recouvrir le fond. Recouvrez d'une couche de crème à la vanille. Déposez dans le sens de la longueur et sur toute la largeur du moule des biscuits, de manière bien régulière. Recouvrez de crème et de biscuits, puis répétez l'opération une dernière fois en terminant par une couche de biscuits. Placez au congélateur pour 4 h.

5. Sortez le gâteau du congélateur et démoulez-le sur un plat. Enlevez le film alimentaire, puis patientez 10 à 15 min pour le déguster. Au moment de le servir, ajoutez des petites billes décoratives.

MARBRÉ CACHÉ

Pour 10 personnes
35 min de préparation
1 h 20 de cuisson
30 min de réfrigération

MATÉRIEL
Moule à cake
Moule de 24 cm de diamètre
Emporte-pièce cœur
Batteur

INGRÉDIENTS : Pour le gâteau au yaourt : Voir la recette p. 16 (en multipliant les ingrédients par 1,5) **Pour le gâteau au chocolat :** 200 g de chocolat noir dessert • 3 œufs • 120 g de beurre • 120 g de sucre • 100 g de farine **Pour le glaçage et la décoration :** Glaçage au chocolat (voir p. 22) • KitKat Ball®

1. Préchauffez le four à 180 °C (th. 6). Préparez la pâte au chocolat : faites fondre le beurre et le chocolat coupés en morceaux dans une casserole à feu doux. Séparez les blancs des jaunes d'œufs. Dans un saladier, mélangez les jaunes d'œufs avec le sucre. Versez le chocolat fondu, puis la farine, dans le saladier. Mélangez soigneusement. Montez les blancs en neige et incorporez-les délicatement à la préparation.

2. Versez la pâte au chocolat dans un moule à cake beurré et fariné. Enfournez pour 35-40 min de cuisson, jusqu'à ce que le gâteau soit bien gonflé. Pour vérifier la cuisson, plantez la lame d'un couteau dans la pâte : elle doit ressortir sèche. Laissez refroidir le gâteau quelques minutes dans son moule avant de le démouler sur une grille. Laissez-le totalement refroidir, puis placez-le 30 min au réfrigérateur.

3. Coupez le cake au chocolat en tranches puis, à l'aide de l'emporte-pièce en forme de cœur, découpez le centre de chaque tranche et réservez.

4. Préparez la pâte du gâteau au yaourt (voir p. 16). Beurrez et farinez le moule rond de 24 cm de diamètre. Versez un petit peu de pâte de gâteau au yaourt dans le fond du moule. Déposez les cœurs en cercle dans le moule, pointes vers le haut en les enfonçant dans la pâte. Versez le reste de la pâte dans le moule, en recouvrant bien tous les cœurs. Enfournez le gâteau pour 35-40 min de cuisson, jusqu'à ce qu'il soit bien gonflé et doré.

5. Préparez le glaçage au chocolat (voir p. 22). Démoulez le gâteau et laissez-le refroidir sur une grille déposée sur un plat. Lorsque le glaçage est juste tiède, versez-le au centre du gâteau. Étalez-le sur toute la surface du gâteau à l'aide d'une spatule en silicone. Placez le gâteau au frais le temps que le glaçage prenne. Décorez votre gâteau de KitKat Ball®.

GÂTEAU AUX POIRES

Pour 8 personnes
1 h de préparation
50 min de cuisson

MATÉRIEL
Mini-moules à tablettes
Moule à cake
Tamis

INGRÉDIENTS : Pour les mini-tablettes : 200 g de chocolat noir dessert • Poudre d'or alimentaire **Pour les poires pochées :** 4 petites poires Williams • 200 g de sucre • 1 bâton de cannelle • 1 clou de girofle • 1 capsule de cardamome • 1 gousse de vanille fendue en deux • 1 dé de gingembre **Pour le gâteau au chocolat :** 200 g de chocolat noir dessert • 250 g de beurre • 6 gros œufs • 150 g de farine • ½ sachet de levure chimique • 30 g de beurre (pour le moule) **Pour le glaçage au chocolat :** 200 g de chocolat noir dessert • 25 g de beurre

1. Faites fondre le chocolat noir. Versez le chocolat dans les mini-moules tablettes. Tapez doucement le moule contre le plan de travail pour supprimer les bulles d'air et égalisez la surface à l'aide d'un couteau ou d'une spatule coudée. Placez au frais le temps que le chocolat durcisse.

2. Préparez le sirop pour les poires pochées. Versez 1 l d'eau dans une casserole, ajoutez le sucre et les épices. Portez à ébullition et laissez frémir une dizaine de minutes. Épluchez les poires en laissant la queue et faites-les pocher 10 min dans le sirop frémissant sans faire bouillir. Réservez sur une assiette.

3. Pour préparer le gâteau au chocolat, préchauffez le four à 180 °C (th. 6) puis faites fondre le chocolat et le beurre au micro-ondes. Ajoutez le sucre puis les œufs un à un en fouettant vivement à chaque fois. Versez la farine et la levure. Remuez encore jusqu'à obtenir une pâte bien homogène. Beurrez le moule.

4. Versez les trois quarts de la pâte dans le moule. Ajoutez les poires pochées en les enfonçant dans la pâte. Recouvrez du reste de pâte au chocolat. Enfournez 50 min puis démoulez sur une grille. Pendant la cuisson du gâteau, démoulez les mini-tablettes de chocolat. Ajoutez à l'aide du tamis un peu de poudre d'or sur chaque tablette.

5. Faites fondre le chocolat noir corsé et ajoutez le beurre. Versez ce glaçage sur le gâteau refroidi. Lissez sur les côtés. Déposez le gâteau au chocolat sur un plat de service. Décorez avec les mini-tablettes de chocolat à la poudre d'or.

CARRÉMENT CUISINE
DÉJEUNER AU BOULOT

CARRÉMENT CUISINE
COCKTAILS & PUNCH BOWLS

CARRÉMENT CUISINE
BOISSONS DÉTOX

CARRÉMENT
CUISINE DU TERROIR

CARRÉMENT CUISINE
GÂTEAUX WAOUH !

CARRÉMENT CUISINE
VEGAN

CARRÉMENT CUISINE
IG BAS

CARRÉMENT
CUISINE INDIENNE

CARRÉMENT
TARTES SOLEIL
& APÉROS À PARTAGER

CARRÉMENT CUISINE
TOUT LÉGUME

CARRÉMENT CUISINE
APÉRO

CARRÉMENT CUISINE
THAÏ

LA COLLECTION
CARRÉMENT CUISINE

APRÈS LE BOULOT
ASIE
BARBECUE ET PLANCHA
BÉBÉS DE 4 À 36 MOIS
CÉRÉALES ET LÉGUMINEUSES
CUISINE DU SPORTIF
ÉTATS-UNIS
ÉTUDIANTS
EXOTIQUE
EXPRESS EN MOINS DE 15 MINUTES
GÂTEAUX
GÂTEAUX MAGIQUES
GLACES ET DESSERTS GLACÉS
GRANDS CLASSIQUES DE LA CUISINE FRANÇAISE
GRANDES TABLÉES
CUISINE INRATABLE
JUS, SMOOTHIES ET MOCKTAILS
LIGHT
MAROC
MÉDITERRANÉENNES
NOËL
PÂTES
PIZZAS, QUICHES & CAKES
PLAT COMPLET AU FOUR
PLATS TOUT-EN-UN
POUR CE SOIR
SALADES
SANS GLUTEN
SOUPES
VEGAN
VEGGIE
VERRINES
VITAMINES
WOK
ET LA COMPIL' DES 1 000 RECETTES

Crédits des recettes :
Aurélie Desgages : pp. 62, 74, 76, 78, 194, 202 ; Camille Lescoffier : pp. 28, 82, 84, 86 ; Coralie Ferreira : 54, 88, 90, 114, 122, 128, 184, 190, 196, 198, 204, 214 ; Eddie Benghanem : pp. 21, 32, 36, 42, 50, 60, 80, 102, 192 ; Eva Harlé : pp. 26, 48, 120, 174, 176, 180, 182, 186, 188, 200, 206 ; Sally François : pp. 14, 15, 18, 19, 20, 22, 23, 124, 132, 134, 140, 142, 146, 148, 152, 162, 164 ; S'Cuiz In : pp. 21, 30, 44, 72, 130, 138 ; Soizic Chomel de Varagnes : pp. 16, 17, 34, 52, 56, 92, 94, 96, 216 ; Stéphanie de Turckheim : pp. 38, 46, 58, 64, 104, 106, 108, 110, 112, 116, 136, 150, 154, 158, 160, 166, 168, 210, 212, 218, 220.

Crédits des photographies :
©Stéphane Bahic : pp. 29, 63, 75, 77, 79, 83, 85, 87, 121, 175, 177, 181, 183, 187, 189, 201, 207 ; ©Aline Princet : couverture, pp. 27, 49, 103, 195, 203 ; ©Aimery Chemin : pp. 55, 89, 91, 115, 199 ; ©Régis Baudonnet : pp. 123, 129, 185, 191, 197, 205, 215 ; ©Virginie Garnier : pp. 33, 37, 43, 51, 59, 61, 81, 105, 111, 151, 161, 167, 193 ; ©Joanna Lacaze : 125, 133, 135, 141, 143, 147, 149, 153, 163, 165 ; ©Caroline Faccioli : pp. 69, 171 ; ©S'Cuiz In : pp. 31, 45, 73, 131, 139 ; ©Maud Argaïbi : pp. 35, 53, 57, 93, 95, 97, 217 ; ©Delphine Amar-Constantini : pp. 39, 47, 65, 107, 109, 113, 117, 137, 155, 159, 169, 211, 213, 219, 221.

La styliste, Isabelle Brouant, remercie Merci.

Direction : Catherine Saunier-Talec

Responsable éditoriale : Céline Le Lamer

Responsable artistique : Nicolas Beaujouan

Responsable du projet : Elise Ernest

Fabrication : Amélie Latsch

Partenariats : Sophie Morier (smorier@hachette-livre.fr)

Dépôt légal : janvier 2019

75-7241-6/03

ISBN : 978-2-01708441-9

Achevé d'imprimer en Espagne par Macrolibros en mars 2020

Pour l'éditeur, le principe est d'utiliser des papiers composés de fibres naturelles, renouvelables, recyclables et fabriqués à partir de bois issus de forêts qui adoptent un système d'aménagement durable. En outre, l'éditeur attend de ses fournisseurs de papier qu'ils s'inscrivent dans une démarche de certification environnementale reconnue.